Tri
arte de crecer

Triunfar en el arte de crecer

Álvaro Jiménez Cadena, S.J.

ISBN 958-9176-90-9, edición original publicada por
© Pontificia Universidad Javeriana, Facultad de Teología.
Santafé de Bogotá, Colombia.

Diagramación:
Mónica Gómez L.

Al cuidado de la edición:
Martha Cupa León
Héctor Germán Asenjo

Ilustraciones:
Gustavo Michelena

Pitágoras 1139, Col. Del Valle, 03100 México, D.F.

Miembro de la Cámara Nacional de la Industria Editorial Mexicana
Registro No. 2317

Internet: **http://www.alfaomega.com.mx**
Correo electrónico: **ventas1@alfaomega.com.mx**

ISBN 970-15-0745-2

Impreso en México-Printed in Mexico

CONTENIDO

III. Tres enemigos vencidos: angustia, miedo, estrés

IV. Acepta y aprecia tu persona

V. ¿Quieres ser una persona auténtica y sin caretas?

VI. Para una vida plena y feliz

Introducción

El variado material de este libro ha sido escrito o compilado por un *psicólogo,* que ha leído y reflexionado durante largos años y que ha compartido sus experiencias en multitud de seminarios y talleres sobre los procesos de la maduración humana.

A lo largo de su trabajo profesional, ha reunido muchas flores, frutos y piedras preciosas, que ha ido coleccionando con cuidado y cariño para poderlas compartir en múltiples *talleres de psicología.* Algunos materiales son producto de la investigación o del ingenio ajeno, aunque casi siempre modificados o adaptados con aportes personales del autor; se trata de materiales pacientemente coleccionados, resumidos, adaptados y puestos a prueba en una larga experiencia de centenares de talleres sobre madurez humana que el autor ha dirigido. Otros muchos son fruto de la propia reflexión del autor. Unos y otros se han probado útiles, interesantes y provechosos para muchas personas y grupos; les han ayudado no tanto como una lectura que entretiene la curiosidad científica, sino como valiosas herramientas en el proceso de superación, para ayudarles a *triunfar como personas.*

Pero resulta que el autor es también *teólogo*; más aún, ha procurado centrar su vida en Dios y concretamente en el evangelio y en la persona de Jesucristo, y quiere compartir con sus lectores la riqueza y la felicidad que esta *weltanschauung* o visión del mundo le ha aportado a su propia vida. No se trata de un esfuerzo concordista. No se extrañe el lector si en el conjunto de la obra se encuentra con un esfuerzo sincero por integrar los principios de la psicología científica con las verdades religiosas, sin desfigurar ni acomodar los primeros, pero sin disimular ni ocultar tímidamente las segundas.

Las fuentes aprovechadas, tanto psicológicas como religiosas, son puras y de la máxima autoridad entre los psicólogos (en su mayor parte no católicos) y entre los teólogos (en su mayor parte no psicólogos). Se trata de un esfuerzo muy grande de *integración;* al fin y al cabo, un autor tiene que transparentar en su obra la propia vida.

Los contenidos. Cuando se estaban terminando de escribir estas páginas, tuvimos la grata sorpresa de reencontrarnos con las ideas del sabio antropólogo Teilhard de Chardin sobre el proceso de *personalización,* que sorpresivamente coinciden con el esquema en que habíamos organizado el variado material, en busca de una cierta unidad y sistematización lógica.

Según el sabio antropólogo Teilhard de Chardin, constatamos en nosotros una tendencia innata y unas *voces* o llamado interior hacia nuestra *personalización.* Tres caminos conducen a lo largo de este *Proceso de personalización**:

1. Centrarse sobre sí mismo.

2. Descentrarse sobre el otro.

3. Supercentrarse sobre Uno mayor que él mismo: Dios.

---

*Cfr. NEIRA, JOSÉ ENRIQUE, *Guía ética para jóvenes y no tan jóvenes,* Universidad de Los Andes, Mérida-Venezuela, 1988, pp. 13-17.

1. Centrarme en mí mismo, o sea, organizarme, unificar mis ideas, comportamientos y sentimientos; cumplir con mi deber; construirme, cultivarme, encontrarme a mí mismo.

Coincide este objetivo con el título de la obra, *Triunfar en el arte de crecer* que contiene valiosos temas de reflexión para la maduración personal.

2. Descentrarme de mí mismo para centrarme en el otro. Hay personas que desarrollan pasablemente sus potencialidades internas, pero viven encerradas en los límites estrechos de sus ambiciones egoístas. Sin embargo, nadie habrá aprendido a vivir plenamente autorrealizado, mientras no logre superar la estrecha mira de sus intereses personales y remontarse hacia los demás. Sería como un río tributario de sí mismo, que no tiene salida hacia el mar, estancado, maloliente, sin vida ni frescor...

No podemos lograr nuestra *personalización* aislándonos. Todos necesitamos de todos para crecer; no podemos escapar al influjo de los demás, ni dejar de influir sobre los otros, porque todos nos completamos mutuamente. Tenemos que salir de nosotros mismos y *descentrarnos sobre el otro,* porque somos uno con todos y con todo el Universo. Y el único camino para centrarnos en el otro es *el amor.*

He escrito otro libro que complementa al presente: *Triunfar en el arte de comunicarse.* Éste ayuda a *la expansión de la personalidad,* proporcionando algunas ideas y herramientas útiles para lograr unas relaciones interpersonales más adecuadas y satisfactorias y para progresar en *el amor: yo y el otro.*

3. Supercentrarme en Alguien que sea más grande y más poderoso que yo y que cualquier otro ser humano. Avanzaremos en el camino de la *personalización* incorporándonos a una Totalidad, viviendo con Alguien y para Alguien que tenga un valor absoluto; en una palabra mediante la *adoración* de Alguien mayor que nosotros. La altura de la vida es la aspiración ascendente hacia Dios. Y para encontrar a Dios, hay que ir a Cristo con la ayuda de María. Alcanzaremos la plenitud de nuestra vida, subiendo hasta Dios.

Esta adoración (supercentrarse en Dios) proporciona ayudas para comunicarse con el Ser Trascendente, para encontrarlo en sí mismo, en el prójimo y en el universo entero. También se aborda este tema en el libro "Triunfar en el arte de comunicarse", 2a parte.

¿Cómo usar este libro?

Apreciado lector: este libro *no es para leerlo sin interrupción* ni con prisas. El provecho sería así muy escaso.

Los contenidos son ricos y variados, pero algunos, especialmente los cuadros-resumen, se presentan en estilo denso y conciso. Y, por otra parte, nuestra capacidad de digestión y asimilación es limitada. Por lo tanto, no le recomendamos una lectura continua, sino leer *un solo capítulo cada vez;* reflexionar sobre su contenido; buscar posibles aplicaciones para su vida personal o de trabajo; compartir y discutir los temas en grupo o con alguna persona amiga.

La obra le resultará útil no sólo para *triunfar como persona,* sino para compartirla con otros, especialmente si trabaja con algún grupo de crecimiento humano, laboral, religioso, cultural, apostólico: su familia, sus educandos, los directivos y trabajadores de la empresa en que trabaja, sus grupos apostólicos.

Una larga experiencia ha demostrado que sobre cada uno de los temas se pueden organizar muy provechosos seminarios, talleres, grupos de discusión o mesas redondas. Con un poco de creatividad, pueden servir de base para realizar excelentes dinámicas, útiles y amenas.

Ojalá que estas líneas puedan ayudarle en el proceso de su propia *personalización: ser, amar, adorar.*

Álvaro Jiménez Cadena, S.J.

I
Superación Personal

1 Se busca un hombre

¡Se busca un hombre! Este es el aviso que publicaría en la prensa o en la T.V. el filósofo Diógenes, si viviera en este inicio del siglo XXI. Diógenes fue un individuo extravagante. Andaba sucio y desgreñado, sin lavarse ni afeitarse; llevaba en su mano un bastón y a la espalda un zurrón de mendigo; tenía un tonel por habitación. Por sus extravagancias mereció el apodo de «cínico», que por su etimología griega quiere decir «perruno».

Y en realidad, Diógenes era un perro de fino olfato... Es muy conocida la anécdota que describe a Diógenes, con la linterna en la mano, en pleno día, buscando por todas las calles y rincones de Atenas algún objeto misterioso, raro y escaso. A quienes le preguntaban extrañados, qué buscaba con esa linterna, el cínico filósofo respondía: *Busco un hombre.*

El mundo, el país, la Iglesia necesitan hoy más que nunca de auténticos *hombres* en el sentido integral de la palabra, que abarca tanto a los varones como a las mujeres; pero hombres y mujeres que se aproximen al ideal de una *persona humana* integralmente realizada.

Necesitamos hombres para:

- Redimir al mundo de tantos flagelos que lo azotan: violencia, injusticia, narcotráfico, guerrilla, corrupción administrativa, impunidad, engaños y «serruchos», explotación de los pobres, corrupción de la juventud, libertinaje sexual, irreligiosidad...

- Restaurar los valores de la familia, que se han resquebrajado tanto, profundamente asfixiados por una inundación de hedonismo, promiscuidad, adulterios, divorcios, infidelidades, abortos...

- Remediar la miseria absoluta e infrahumana en que viven tantos millones de habitantes de nuestro planeta.

- Que los niños y los jóvenes de hoy, ciudadanos del mañana, encuentren en sus padres y educadores auténticos modelos de identificación: de madurez humana integral, de amor a la verdad, a la justicia, a la honestidad; de respeto a la vida y a la fama, a los valores cívicos y religiosos.

- Hombres y mujeres honrados, patriotas, creadores de riqueza, a cuyas manos limpias se puedan confiar los cargos de gobierno, la explotación de nuestro petróleo, la construcción de las centrales eléctricas, el manejo del erario público, la administración de la justicia, el poder de las armas, la restauración de la mancillada credibilidad parlamentaria...

Necesitamos también «cristianos auténticos»:

Cristianos no sólo de nombre, de bautismo, primera comunión, escapulario al cuello y, si acaso, entierro católico; sino cristianos en su vida privada y también en su actividad ciudadana y política, comprometidos con sus creencias religiosas, consecuentes en sus principios y acciones; con valentía para profesar su fe y defender valerosamente sus principios éticos y religiosos en la calle, en los negocios, en la empresa, en el periódico y en la T.V., en el Congreso de la República.

Si Diógenes volviera hoy a la vida...

Si hoy, a los umbrales del siglo XXI, resucitara Diógenes, encendería de nuevo su linterna y proseguiría su afanosa búsqueda de hombres auténticos por el mundo, entre los 6000 millones de individuos, hombres y mujeres, que pueblan nuestro planeta tierra.

No sólo recorrería las calles tranquilas y el ágora de Atenas, sino que se mezclaría con las muchedumbres de la 5a. Avenida en Nueva York, pronunciaría un discurso sobre el hombre auténtico en Hyde Park, echaría más de un vistazo a los Campos Elíseos de París y a las playas de la Costa Azul, escudriñaría los rascacielos de Tokio y los mercados de Shangai. Quizás deambularía por las avenidas de Buenos Aires o la Ciudad de México, buscando afanosa y desesperadamente algunos *hombres y mujeres auténticos* y completos.

En las altiplanicies, en las cordilleras, en las vertientes de los grandes ríos o en las costas del Atlántico y el Pacífico, ¿encontraría muchos *hombres* tales como él los deseaba? ¿Cuántos pasarían el «examen de admisión» para sentarse dignamente en nuestro parlamento? ¿Para administrar nuestras empresas privadas, pero sobre todo las públicas? ¿En cuántos hogares se realizaría su ideal de hombre, que con tanta ansia buscaba con su famosa linterna?

Somos muchos los habitantes de la Tierra... Pero ¿cuántos hombres y mujeres maduros, psicológicamente sanos, emocionalmente equilibrados, que disfruten de unas auténticas relaciones interpersonales y contribuyan al verdadero bien y felicidad comunitaria, que rijan su vida por sólidos principios éticos, y cuya actividad profesional esté orientada por una verdadera *jerarquía de valores* en la cual obtenga un lugar privilegiado no sólo el progreso de la Patria y de la humanidad, sino que ostente un trono de adoración para Dios, el Ser Supremo, quien constituye el origen y el fin del hombre y del universo todo...?

Las reflexiones y ejemplos que este libro te ofrece pueden ayudarte en este difícil *proceso de convertirse en persona* (Rogers). O si prefieres la terminología teilhardiana, este libro te ayudará a:

¡Centrarte en ti mismo,
descentrarte hacia los demás
y supercentrarte en Dios!

Esperamos que su lectura y meditación reposada te ayuden a aproximarte a ese ideal de *hombre* que buscaba Diógenes, ideal enriquecido con los aportes de los grandes pensadores que le han sucedido en estos dos mil años de reflexión filosófica y de investigación científica, especialmente con los descubrimientos de la Psicología Moderna, iluminados por las enseñanzas imperecederas de Jesús, Salvador del mundo.

Ojalá te decidas resueltamente a luchar por aproximarte a la descripción que el moderno psicólogo humanista Abraham Maslow hace del *hombre autorrealizado* y sobre todo al elevadísimo ideal de hombre que nos trazó Jesús de Nazareth, no sólo con los principios religiosos más elevados que ha conocido la humanidad, sino sobre todo con el ejemplo de su propia vida como Verbo Encarnado, hecho hombre en todo semejante a nosotros, excepto en el pecado. *Tenía que ser hecho igual en todo a sus hermanos, para llegar a ser delante de Dios un sumo sacerdote fiel y compasivo* (Hebr. 2,17).

2

Si el hombre está bien, todo el mundo estará bien...

Se cuenta una maravillosa historia acerca de un predicador que un sábado por la mañana estaba tratando de preparar un sermón en circunstancias difíciles. Su esposa había salido de compras. Era un día lluvioso, y su hijito se mostraba nervioso y aburrido porque no tenía nada que hacer.

Al final, desesperado, el pastor tomó una vieja revista y empezó a hojearla hasta llegar a una ilustración brillantemente coloreada. Era un mapamundi. Arrancó la página de la revista, la rompió en trocitos y los esparció todos por el suelo del salón al tiempo que decía: *Johnny, si puedes recomponer todo eso te daré un dólar.*

El predicador supuso que la tarea le iba a llevar a Johnny buena parte de la mañana. Pero a los diez minutos oyó llamar con los nudillos a la puerta de su estudio. Era su hijo con el rompecabezas ya ordenado. El hombre se sorprendió de que Johnny hubiera terminado tan temprano, con los trozos de papel pulcramente colocados y el mapa del mundo recompuesto.

Hijo, ¿cómo lo has hecho tan de prisa?, preguntó el predicador.

Oh –contestó Johnny–, *ha sido fácil. En la parte de atrás había la imagen de un hombre. He colocado un trozo de papel debajo, he compuesto la figura del hombre, he colocado un papel encima y lo he vuelto del revés. He pensado que* ***si la figura del hombre estaba bien, el mundo también lo estaría.***

El clérigo sonrió y le entregó a su hijo un dólar. *También me has dado el tema del sermón de mañana* –dijo–. ***Si un hombre está bien, el mundo estará bien.***

Esta idea encierra una gran lección. Si alguien no está satisfecho de su mundo y desea cambiarlo, tiene que empezar por sí mismo. *Si usted está bien, su mundo estará bien.*

Medita sobre la anécdota anterior y plantéate las siguientes reflexiones:

Tu familia

- *¿Existen problemas en tu familia?*

- ¿Quisieras que tu esposa (o tu marido) fuera más paciente, más tolerante, más comprensiva, menos egoísta?

- ¿No te gustaría que el clima de tu hogar fuera más armónico, que hubiera espacio más amplio para el diálogo y para la búsqueda de soluciones conjuntas para los problemas que afectan a todos?

- ¿Sientes que tu hogar está amenazado por la carcoma de la suspicacia y de los celos, o tal vez que en sus muros ya han penetrado amores extraños que van abriendo grietas en la fidelidad conyugal?

◆ ¿Han llegado las cosas hasta el punto en que uno de ustedes dos está acariciando seriamente la idea de la separación o del divorcio, a pesar del traumatismo que pueda causar a los hijos inocentes?

◆ ¿Quisieras que reinara una mayor comprensión en la relación de padres e hijos?

◆ ¿Te hacen sufrir la rebeldía y la independencia de un hijo, o los coqueteos imprudentes y los estallidos emocionales de esa hija que no te comprende y que ni siquiera parece comprenderse a sí misma?

Estas y muchas más son señales de que tu hogar no marcha bien. Pero para cambiarlo, tienen que cambiar todas y cada una de las personas que lo integran.

¡Tienes que cambiar TÚ!

Aplica la «lección del rompecabezas»: *Si el hombre está mal, el hogar estará mal. Si cada persona está bien, el hogar estará bien.*

Tu trabajo

◆ Muchas *empresas* tampoco marchan bien. Conflictos laborales los ha habido y los habrá siempre. Pero si cada uno de nosotros fuera psicológicamente más maduro, mejor cumplidor de su deber y más considerado con los derechos y puntos de vista ajenos, ¡cómo mejoraría el clima organizacional y humano de muchas empresas!

◆ Si el gerente fuera un poco menos iracundo y algo más respetuoso en su trato con el empleado humilde y con la señora que sirve el café y hace el aseo... Si los administradores dieran muestras de puntualidad y cumplimiento de su propio deber... y fueran más delicados en el manejo del dinero...

◆ Si el obrero estuviera más satisfecho consigo mismo y más orgulloso de su trabajo, menos inclinado al licor y al derroche...

El remedio o alivio de estos males exige madurez psicológica y concordancia entre los principios éticos y los comportamientos reales en todos y cada uno de los miembros de la empresa. Aquí también vale «La lección del rompecabezas»: *Si el hombre está bien, toda la empresa estará mejor.*

La sociedad

Es lugar común quejarnos de los males que afligen a nuestra *sociedad y a nuestra Patria...*

◆ Pero, nuevamente, no tendremos una sociedad organizada con mejor espíritu cívico, ni más segura, ni más respetuosa, ni más «vivible», mientras cada uno de los ciudadanos no seamos más maduros, más respetuosos de los demás, más justos, más humanos, más honestos en nuestros comportamientos y relaciones.

◆ El primer paso para el progreso de la sociedad es que cada uno de los hombres destrone de su corazón al dios dinero como monarca absoluto de sus comportamientos y norma suprema de su vida.

Nuevamente «La lección del rompecabezas»: *Si cada hombre está bien, la sociedad estará bien.*

El mundo y las relaciones internacionales

◆ También se necesitan muchos cambios en las *relaciones internacionales,* en donde sigue siendo una verdad de Perogrullo que «el pez grande se come al chico», no sólo cuando se trata de conflictos armados, sino en las relaciones comerciales y económicas, en la exportación de flores o bananos, en el colonialismo cultural, en los préstamos condicionados a políticas antinatalistas o pro-abortivas... No hay para qué insistir aquí sobre el gran escándalo de la agobiante deuda externa que agota los recursos del tercer mundo, ni sobre las injusticias en las relaciones Norte-Sur, ni sobre los nuevos sistemas de colonialismo económico que rigen las relaciones entre los países ricos y el mundo subdesarrollado.

◆ Pero ni la familia, ni la sociedad, ni el mundo pueden estar bien, si los individuos están debilitados por la plaga de las neurosis y los conflictos emocionales, carcomidos por la gangrena de los odios y rivalidades, o devorados por el cáncer de la deshonestidad y de la perversión.

Una vez más, «la lección del rompecabezas»: *Mientras los individuos no cambiemos, tampoco cambiará el mundo. Pero si cada uno de nosotros, cada hombre está bien, todo el mapamundi estará bien.*

Esta enseñanza fue sintetizada en forma maravillosa por la antiquísima y proverbial sabiduría china:

> «Era costumbre entre los antiguos, decían, que cuando los reyes querían demostrar sus elevadas virtudes bajo el cielo, empezaban por gobernar y dirigir sus países; pero antes de decidirse a gobernar sus países, empezaban por

organizar sus hogares; y antes de organizar sus hogares, empezaban por organizar sus propias vidas; y antes de organizar sus propias vidas, empezaban por sanear sus corazones; y antes de sanear sus corazones, se consagraban a cultivar sus inteligencias para elevarse así a la cima del saber. Y llegar a la cima del saber, significaba llegar al conocimiento íntimo de las cosas. Y cuando llegaban al conocimiento íntimo de las cosas, ya quedaban capacitados para pensar bien, luego sanear sus corazones, poner orden en sus vidas, en sus hogares y finalmente, para dirigir y gobernar bien a sus naciones».[1]

Cambia TÚ y todo cambiará

Según esta filosofía de los chinos, tienes que comenzar por cambiarte a ti mismo, cultivando el saber, elevando tu corazón y tu persona. Tus progresos personales, como benéficos círculos concéntricos, irán fructificando a tu alrededor en todas aquellas personas y medios a los cuales alcance tu influjo bienhechor.

El gran peligro es desanimarnos y esperar a que los demás cambien, tranquilizando nuestra conciencia con el calmante de una pasividad y fatalismo estériles. Aguardamos a que cambien los demás...pero nosotros mismos *¡no cambiamos! ¡Yo mismo no cambio!*

---

[1]Citado por Antonio Chalita Sfair en la Introducción al maravilloso libro "Calila y Dimma". Ibagué, 1988. Esta joya de sabiduría es una de las obras más importantes de la literatura universal y poco conocida en nuestro medio. Sus orígenes se remontan a unos 2000 años antes de Cristo. La versión actual data del siglo VI antes de nuestra era. Encierra lecciones preciosas de sabiduría oriental (persa, egipcia, india, etc.) expuesta en forma de fábulas.

Es verdad que algunas veces es muy poco lo que yo puedo hacer para que los otros cambien. Pero *¡yo sí puedo cambiar!* Y puedo comenzar a hacerlo *hoy mismo,* recordando aquella verdad de que *más vale encender una luz que maldecir de la oscuridad.*

Así, pues, *voy a cambiar,* procurando ser una persona psicológicamente más madura y voy a mejorar la ética de mis comportamientos.

1. En primer lugar, voy a esforzarme por madurar psicológicamente

En los aspectos de salud mental, ni soy perfecto, ni puedo considerarme como tal. Tal vez tengo que controlar mejor mis impulsos y mi emotividad: mis brotes de impaciencia y de rabia, mis temores y mis fobias, mi agresividad y mi sexualidad; mi ambición y el ansia de poder; mi codicia por el dinero y esa *adicción a la aprobación* que me convierte en un esclavo de la moda y del *qué dirán;* mis envidias y mi espíritu de competitividad desenfrenada.

Para que mi familia, la sociedad en que vivo, mi patria, sean espacios más seguros, más armónicos, más vivibles, yo mismo tengo que mejorar mis relaciones interpersonales dentro del seno de mi propia familia: mi empatía y mi capacidad de escucha, mi apertura para el diálogo, mi respeto a la opinión ajena; tengo que ser más consciente de los derechos ajenos y de que *no tenemos derecho a envenenar el aire que otros han de respirar;* y no se trata tan sólo de evitar la polución de la atmósfera, sino también de no envenenar el oxígeno del ambiente familiar y social.

2. En segundo lugar, necesito de *una verdadera «conversión» espiritual*

De una *«metanoia»* o transformación en lo profundo de mi corazón, de donde brotan mis actitudes más íntimas y mis relaciones con Dios y con el prójimo.

Yo necesito esta transformación espiritual por la simple razón de que soy hombre y –no temamos decirlo– *Yo soy un pecador.* Afirma San Juan: *Si dijéramos que no tenemos pecado, nosotros mismos nos engañamos, y no hay verdad en nosotros* (1Jn.1,8).

Sabiamente nos recuerda el *Catecismo de la Iglesia Católica:*

> El pecado es una falta contra la razón, la verdad, la conciencia recta; es faltar al amor verdadero para con Dios y para con el prójimo, a causa de un apego perverso a ciertos bienes. Hiere la naturaleza del hombre y atenta contra la solidaridad humana (N. 1849).

El pecado es «la negación del amor a los otros y al Otro»; «es una ofensa libremente cometida contra el amor humano y divino».

Y *yo*, tal vez muchas veces y en grados de culpabilidad muy variados, *yo* he faltado contra el amor humano y contra el amor divino. He cometido algunas de las *obras de la carne* que enumera San Pablo en su carta a los Gálatas (Gal.9,21), como son:

«fornicación,
impureza,
libertinaje,
idolatría,

hechicería,
odios,
discordia,
celos,
iras,
rencillas,
disensiones,
envidias,
embriagueces,
orgías
y cosas semejantes...»

3. Esfuerzo y perseverancia

Es la tercera condición para triunfar. Nada la puede suplir. De poco sirve una veleidad de adquirir una mayor madurez, o un arrebato pasajero para dejar de fumar, o de tomar trago, o de dominar el carácter agrio, o la pereza, o el desorden... Sin perseverancia poco o nada lograrás. Y, por el contrario, la gota de agua que cae constantemente horada y taladra las rocas más duras.

Terminemos con la anécdota de *El guijarro del éxito:*

> Rafael Solano, desalentado y físicamente agotado, se sentó sobre un canto rodado en el reseco lecho del río e hizo la siguiente declaración a sus dos compañeros: *¡Ya no puedo más; no tiene ningún caso seguir adelante! ¿Ven ese guijarro? Pues bien, es el número 999 999 que he recogido, y hasta ahora no he encontrado un solo diamante. Si recojo uno más completaré el millón, pero, ¿qué caso tiene? ¡Desisto de todo!*

Eso sucedía en el año de 1942; los tres hombres habían pasado largos meses explorando el terreno en el lecho de un río en Venezuela, en busca de diamantes. Trabajaron encorvados, recogiendo guijarros, deseando y anhelando el menor indicio de un diamante... Tenían las ropas hechas jirones, los sombreros raídos, pero jamás pensaron seriamente en desistir, hasta que Solano les declaró: *Ya no puedo más!*

Uno de ellos, en tono displicente, respondió: *Recoge otro y completarás el millón.*

De acuerdo, respondió Solano. Encorvándose, apoyó la mano sobre un montón de guijarros y sacó uno. Era casi del tamaño del huevo de una gallina. *Aquí lo tienen; es el último,* declaró. Pero era muy pesado, demasiado pesado y lo estudió bien. *Muchachos, ¡es un diamante!,* gritó.

Harry Wiston, un comerciante en joyas de Nueva York, le pagó a Rafael Solano 200 000 dólares por ese guijarro que completó el millón. Llamado *El Libertador,* es el diamante más puro y de mayor tamaño que jamás se haya encontrado.[2]

¿Historia o simple cuento...? Poco importa. Pero yo puedo sacar la moraleja que más me aproveche:

---

[2]ANÓNIMO. Tomado de una revista y citado por OG MANDINO, *La Universidad del Éxito,* México, Ed. Diana, 1986, p. 55.

Si yo persevero cambiaré. ¡La constancia hará que yo encuentre mi diamante!, y si yo cambio de verdad, tanto psicológica como espiritualmente, *si cada hombre cambia de verdad,* tendremos:

familias más felices,
empresas más humanas y productivas,
una Patria más vivible
y un mundo más acogedor, más humano y más justo.

¡Si el hombre está bien, todo el mundo estará bien!

3

¿Qué significa ser hombre?

Ser hombre
No es solamente pertenecer al sexo masculino.

Es hacer las cosas, no buscar razones para demostrar que no se pueden hacer.

Es levantarse cada vez que se cae o se fracase, en vez de explicar por qué se fracasó.

Es ser digno, consciente de sus actos y responsable.

Es trazarse un plan y seguirlo, pese a todas las circunstancias exteriores.

Es levantar los ojos de la tierra, elevar el espíritu, soñar con algo grande.

Es ser creador de algo: un hogar, un negocio, un puesto, un sistema de vida.

Es entender el trabajo no como una necesidad sino como un privilegio.

Es tener vergüenza, sentir vergüenza de burlarse de una mujer; de abusar del débil; de mentir al ingenuo.

Es saber decir: "me equivoqué", y proponerse no repetir la misma equivocación.

Es comprender la necesidad de adoptar una disciplina basada en principios sanos, y sujetarse por su propia deliberada voluntad a esa disciplina.

Es comprender que la vida no es algo que se nos da ya hecho, sino que es la oportunidad para hacer algo bien hecho.

Hombres de esta talla y de esta alcurnia los necesita el mundo, los reclama Dios.

4

¿Qué significa, hoy, ser mujer?

Ser mujer

Significa realizar en sí misma todo lo que hemos
dicho anteriormente acerca del ser hombre.
Porque la mujer tiene una dignidad
igual a la del varón.

No es solamente pertenecer al sexo femenino...
La mujer tiene características propias
y exclusivas de su sexo, capacidades admirables
que debe llenar para realizarse como persona
humana.

En el plan divino, significa haber sido creada a
la imagen de Dios, con la misma dignidad
que el varón, a quien complementa
de manera admirable, no sólo en el plano
anatómico y fisiológico para dar la vida
en un acto de amor,

sino en los aspectos psicológicos
y espirituales de la personalidad.

Es estar llamada a multiplicar
el don de la vida, a proteger al hijo
que palpita indefenso en su seno
y depende totalmente de la madre que lo ha
engendrado para llegar a compartir
el festín de la existencia.

Es estar llamada a ser la compañera fiel
del hombre: sostenerle en sus penas y aliviarle
en sus fatigas, enseñarle con paciencia a controlar
sus instintos, encauzar y sublimar sus pasiones
salvajes, suavizar su agresividad y orientar
constructivamente sus energías.

Es disponer de un incalculable
poder para sostener al hombre en el camino
de la vida, para disfrutar de ese don de Dios
que se llama amor, para ser sembradora
de alegría y cultivar en el corazón
del varón semillas de vida eterna,
orientándolo hacia la felicidad del cielo.

Es compartir con el varón la luz
de la inteligencia, la capacidad de amar
el bien, el poder creador de Dios
para llamar a la existencia nuevas vidas;
para crear y apreciar la belleza y el arte.

Es poseer no solamente los recursos
para ser madre o ama de casa, sino también para
avanzar con paso firme por el mundo del trabajo,

como aseadora, agricultora, obrera, secretaria,
profesional, médica, ingeniera, escritora,
parlamentaria, gobernante .

Ser mujer es reflejar la belleza de Dios,
no sólo en un rostro y en un cuerpo hermoso,
sino sobre todo en la ternura de un corazón
afectuoso y en la nobleza del espíritu.

Ser mujer significa superar la frivolidad
de la moda y del lujo desmedido;
jamás caer en la tentación de las
envidias, el chisme, la maledicencia;
nunca abusar de la propia belleza y atractivos
para tender redes a la fragilidad masculina;
nunca mancillar el hogar con la traición,
el adulterio, la infidelidad o la prostitución.

Es tender los brazos y abrir el corazón para
recibir al hijo extraviado, al esposo arrepentido,
al menesteroso y al marginado, al enfermo,
al anciano y al desvalido, como a imágenes
de Cristo doliente...

Es comprender que la vida es un don de Dios;
que tiene un sentido trascendente, que es el
tiempo privilegiado para probar el amor a Dios,
sirviendo a los hermanos y haciendo felices
a los demás.
La vida es un viaje rápido
hacia la casa del Padre.

Es poseer la máxima capacidad oblativa y ponerla
al servicio del prójimo por amor de Dios,

mediante la entrega incondicional que conlleva la consagración religiosa, en pobreza, castidad y obediencia, correspondiendo así a un llamado y predilección especial del Señor.

En una palabra, es imitar a MARÍA de Nazareth, prototipo celestial de todas las mujeres, como virgen, como esposa y como
Madre de todas las madres.

5

El hombre autorrealizado

Para Abraham Maslow, padre de la Psicología Humanista, «el hombre que está bien» equivaldría al *hombre autorrealizado,* o sea el que aprovecha y actualiza al máximo todas sus inmensas capacidades.

La mayor contribución de Maslow a la psicología se debió a su interés en estudiar la personalidad sana, a diferencia de Freud y de la mayoría de los psicólogos que se han concentrado unilateralmente en la investigación de las personalidades enfermas, conflictivas, neuróticas, esquizofrénicas.

Maslow, por el contrario, toma en cuenta ciertos aspectos bastante olvidados del ser humano, el cual experimenta no sólo odio, agresividad, rencores y sentimientos de culpa, sino sobre todo es capaz de sentir profundo amor, bondad, ternura, compasión, entusiasmo, alegría, bienestar, exultación y aun *experiencias cimeras,* o sea experiencias cumbres, rayanas en el éxtasis de los amantes, de los artistas o de los místicos.

Maslow analizó la vida y las características de muchos personajes históricos y contemporáneos que ostentaban un alto grado de salud mental, de eficiencia en el trabajo, de satisfacción con la vida, personas que habían avanzado decididamente hacia la actualización de sus potencialidades. Algunos fueron personajes notables como Jefferson, Lincoln, Beethoven, William James, F.D. Roosevelt, Einstein, Eleanor Roosevelt, Albert Schweitzer; pero la mayor parte fueron individuos comunes y corrientes, «personas de la calle» como simples estudiantes, empleados, obreros o amas de casa.

Puede resultarte no sólo interesante sino útil el conocer las características que Maslow halló como distintivas de estas personas aventajadas en salud mental, o sea de las *personas autorrealizadas.*

No te contentes con un simple conocimiento teórico que satisfaga tu curiosidad intelectual. Aprovecha esta oportunidad para hacer un serio examen personal. Pregúntate en qué grado posees tú cada una de estas características de la personalidad saludable y qué debes hacer *desde hoy* para cultivarlas y acrecentarlas.

Características de las personas autorrealizadas

Según Maslow, las personas autorrealizadas sobresalen por las siguientes cualidades:

1. Eficiente percepción de la realidad. Las personas autorrealizadas sobresalen por la tendencia a percibir objetiva y honestamente la realidad, o sea para verse a sí mismas sin distorsiones, es decir sin dejarse obnubilar por sus intereses y necesidades. Son finas observadoras de los demás y aprecian equilibradamente las circunstancias de cada momento. Y, lo que es más difícil, sus comportamientos corresponden a esta percepción objetiva.

2. *Aceptación de sí mismas, de los demás y de la naturaleza humana.* Reconocen sus cualidades, pero también sus defectos, sin engreírse por las primeras, ni despreciarse por los segundos. Se esfuerzan por corregir sus deficiencias. Tienden a ser «buenos animales» (Maslow), o sea que aceptan naturalmente su cuerpo con todas sus necesidades fisiológicas y saben disfrutar del sueño, la comida, el sexo, sin aversiones neuróticas. Pero como se trata de «animales racionales» la voluntad es la señora que rige los impulsos y necesidades corporales y los subordina a los dictámenes de la razón...

3. *Espontaneidad.* Las personas autorrealizadas no temen expresar sus sentimientos y emociones de manera natural, madura y tranquila; pero tampoco se dejan llevar incontroladamente por sus estados emocionales.

4. *Concentración en los problemas.* Es lo contrario a centrarse sobre sí mismo y las propias preocupaciones. Así, las energías del individuo quedan libres para solucionar los problemas y lo tornan más eficiente y productivo en el trabajo. Disfrutan del trabajo como medio de autorrealización personal. Abrazan una misión en la vida y se esfuerzan por realizarla.

5. *Autonomía y razonable independencia de los demás.* Al igual que Rogers, Maslow sostiene que las personas saludables no dependen excesivamente de los demás ni caen en el conformismo y la masificación. Las personas autorrealizadas son capaces de tomar sus propias decisiones y asumir responsabilidades, sin depender excesivamente de la opinión o aprobación ajenas.

6. Cierta independencia respecto a la cultura y al medio ambiente. Cualidad relacionada con la anterior. La persona madura no se convierte en esclava de la moda, del dominio absorbente de la opinión pública, de las opiniones de la prensa o la T.V., del deportista o la actriz de moda. Se esfuerza por comportarse de acuerdo con sus propios principios y valores.

7. Permanente frescura de apreciación, respecto a las personas y a las cosas que les rodean. La persona sana es capaz de disfrutar por enésima vez de una sinfonía, de contemplar un paisaje o una puesta de sol con la «capacidad de admiración» con que el niño la experimenta por vez primera. Es lo contrario de cierto «desencanto» o cansancio de la vida que amenaza a muchas personas a medida que avanzan en la vida pero que no es patrimonio necesario ni exclusivo de las personas cronológicamente viejas...

8. Sentimiento social. Gran aptitud para entablar y mantener relaciones interpersonales sanas y satisfactorias. La capacidad para identificarse, simpatizar y experimentar afecto por otras personas, es uno de los principales signos de madurez y de salud mental. Capacidad de darse a sí mismo sin egoísmos y sin preocuparse excesivamente de ser correspondido.

9. Relaciones sociales profundas pero selectivas. Capacidad de amar, de entablar amistades hondas y duraderas con personas escogidas.

10. Equilibrio entre polaridades opuestas. Las personas autorrealizadas son capaces de integrar tendencias a primera vista antagónicas, como son: la razón y la intuición; el trabajo y el descanso; la conformidad y la rebeldía; la ternura y el raciocinio; la firmeza y la dulzura; la seriedad y la responsabilidad con el sentido del humor.

11. Sano sentido del humor, o sea un humor fino y amable que alegra la propia existencia y endulza la vida de los demás, sin herir ni perjudicar a nadie. El sano sentido del humor es tan ajeno del humor agresivo o cínico, como del humor compensatorio de tipo sexual inmaduro. Nada tiene que ver con «los chistes verdes», o sea *chistes de alcoba y de excusado.* La persona madura no se toma demasiado en serio: sin cinismo, sabe reírse un poco de sí mismo y de sus problemas.

12. Certidumbre ética. Las personas maduras poseen criterios claros y firmes acerca de lo bueno y lo malo, lo justo y lo injusto, lo honesto y lo deshonesto y tienden con seguridad hacia las metas que consideran buenas.

13. Una sana filosofía de la vida, o sea una visión (una *Weltanschauung*», diría Freud) integradora que pone orden y armonía en las propias convicciones y da razón y significado al trabajo, a la familia, a las relaciones humanas e infunde un sentido último a toda la vida humana.

14. Experiencias cimeras. Así llama Maslow a ciertas experiencias, pequeñas o grandes pero profundas, de admiración, gozo, alegría y aun de éxtasis. Son semejantes a las *experiencias positivas* de que habla Ted Landsman. El sentirse amado, un reñido partido de fútbol, la terminación de una tarea o misión, la contemplación de un paisaje, un crepúsculo apacible o la inmensidad del mar, una unión amorosa satisfactoria, un servicio prestado a quien lo necesita, un rato de diálogo con Dios, una experiencia religiosa o mística, son ejemplos de *experiencias cimeras.* Tales experiencias son más frecuentes y profundas en las personas autorrealizadas.

Aprcciado lector: al reflexionar sobre estas cualidades de la persona autorrealizada, fíjate especialmente en las tres últimas: *certidumbre ética, sana filosofía de la vida* y capacidad de sentir *experiencias cimeras.*

¡Qué parecidas estas cualidades a las que debería ostentar un cristiano bautizado, hijo de Dios por su bautismo, que conoce las enseñanzas del Evangelio (certidumbre ética), trata de conformar a ellas su conducta (sana filosofía de la vida) y puede disfrutar de la cercanía, de la presencia e intimidad con Dios por medio de la oración (extraordinaria oportunidad de experiencias cimeras)!

6

Comportamientos y actitudes de las personas saludables

Muy similar a la *persona autorrealizada* de Maslow es la descripción que hace Don Hamacheck acerca de los comportamientos y actitudes de la persona equilibrada y madura. Este autor no sólo se basa en la literatura científica, sino principalmente en sus investigaciones y con una larga experiencia de observaciones clínicas.

La toma de conciencia acerca de las actitudes y comportamientos con que las personas sanas, bien integradas, maduras, «autorrealizadas», responden ante los sucesos de la vida, puede servirte de guía que oriente tus actitudes y comportamientos. Ojalá lleves a cabo una reflexión y una autoevaluación que pueden serte de gran utilidad. Lee con mucha calma y atención, dándote tiempo para un provechoso examen personal. Compáralas con las cualidades de las *personas autorrealizadas* de Maslow que leíste en el capítulo anterior.

Las personas psicológicamente sanas:

1. *Tienden a ser realizadoras, más bien que a hablar mucho,* tanto en los asuntos de trabajo como en su vida privada. En vez de decir *Hay que hacer algo,* se dicen a sí mismas: *YO tengo que hacer algo. ¿Qué puedo hacer YO?.*

2. *Confían en su propia capacidad para resolver los problemas, aun frente a los fracasos y derrotas.* No admiten la conclusión de que *Como fallé en algo, es porque soy un fracaso,* sino más bien: *Como fallé, voy a intentar eso de nuevo y a trabajar más duro hasta que consiga lo que quiero.* La persona que fracasa por hacer algo camina sobre bases más sólidas que la que tiene éxito sin haber hecho nada.

3. *Mantienen algunos valores y principios en los que creen firmemente* y además están dispuestas a defenderlos, aun frente a una fuerte oposición del grupo. Sin embargo, se sienten lo bastante seguras como para modificar sus principios y valores, cuando la experiencia o la evidencia les sugieren que se han equivocado. Aun cuando tienen sólidas creencias, tienden a ser flexibles y son capaces de cambiar frente a nuevas evidencias.

4. *Como personas, se sienten tan dignas como los demás:* ni superiores ni inferiores, no obstante las diferencias en habilidades específicas, procedencia familiar o actitudes de los demás hacia ellas. No tienen inconveniente en confesar que otro les aventaja en un determinado aspecto, pero se sienten iguales a los demás como *personas.*

5. *Asumen la responsabilidad última de su propia vida.* No andan buscando a quien culpar. Ellas son las responsables de sus propias decisiones.

6. Son capaces de experimentar y de expresar una amplia gama de impulsos y deseos, desde sentimientos de intensa rabia hasta el amor más tierno; lo mismo una tristeza profunda que una gran felicidad; desde un hondo resentimiento hasta una cálida aceptación. No significa esto que en sus comportamientos se dejen gobernar por sus impulsos y emociones.

7. No se dejan llevar por la impresión de que los demás están a su favor o en contra de ellas. Aceptan con realismo la idea de que es imposible agradar a todo el mundo, no obstante lo mucho que uno se esfuerce por complacer a todos. Esto les proporciona una actitud realista en sus relaciones interpersonales.

8. Conocen qué ideales son verdaderamente importantes en su vida. Saben que solamente alcanzarán sus ideales, si se comprometen con algo que trascienda su propio yo; esa meta puede ser su trabajo, el bienestar de los seres queridos , el progreso de la humanidad, algún ideal moral o religioso, o una combinación de estos elementos. La felicidad sólo se logra cuando la vida tiene sentido.

9. En cuanto a sus relaciones interpersonales, reconocen que es muy difícil encontrar la felicidad en otra persona sin haberla hallado primero en sí mismo.

10. Son capaces de disfrutar con una amplia variedad de actividades, que abarcan el trabajo, el juego, la expresión creativa, la compañía de los demás o simplemente el reposo.

11. Las personas psicológicamente sanas son por lo general bondadosas. La bondad es un «subproducto» de la autoestima y la autoaceptación. Con la bondad se aprecia lo mejor de los demás y puede uno experimentar que la vida, a pesar de sus calamidades, ofrece cosas muy bellas.

12. Es característica de las personas sanas el asumir algunos riesgos. Para lograr lo que uno se propone y para crecer, tiene que lanzarse hacia lo desconocido y recorrer caminos nuevos.

Si quieres de verdad llegar a ser una persona *psicológicamente sana,* tienes que dedicirte a *cambiar* y a afrontar muchos *riesgos.*

7

Tu personalidad ideal

Cualquier bachiller está familiarizado (o debería estarlo) con *la ley de la inercia* en el mundo físico. *La fuerza de la inercia «es la propiedad que poseen los cuerpos de permanecer en el estado de reposo o de movimiento hasta que los saque de él una causa extraña»* (Dic. Larousse, p. 575).

La ley de la inercia rige también en psicología. Experimentamos una tremenda inercia ante cualquier clase de cambio. Nos cuesta mucho cambiar y progresar y arriesgarnos, porque el cambio, el progreso y el riesgo exigen esfuerzo. Es más cómodo seguir siempre la misma rutina, pactar con los propios defectos de carácter, vegetar en la mediocridad psicológica y espiritual, justificarse con disculpas tales como «es que... yo soy así...»

Crecer no es fácil para nadie. Nos da pavor tener que abandonar ciertas reacciones infantiles para sustituirlas por otras más maduras. Avanzar, abriendo brecha a través de la maraña de los propios impulsos y del caos de nuestras emociones descontroladas, exige coraje y energía. Enmendar nuestros yerros, reparar los pecados, controlar los hábitos inmaduros o deshonestos no es tarea para voluntades cobardes.

Nos da miedo enfrentarnos con nosotros mismos. *A ningún otro riesgo se acerca uno con tanto miedo como al de ser simplemente uno mismo* (Viscott, p. 97). Razón tenía quien escribió: *Nada hay que requiera más valor que ver escrita la ecuación de uno mismo.*

Pero sin autoconocimiento no habría lugar para los cambios que el progreso demanda. La introspección es el primer paso hacia la autocrítica, hacia la autoestima, hacia la autoaceptación, hacia la autorrealización...

El Yo-Ideal es el tipo de persona que uno quisiera llegar a ser. Pero es preciso *cambiar* para convertir los ideales en realidades.

El ideal razonable consiste en:

Aspirar a ser uno mismo
nada más que uno mismo
pero totalmente uno mismo.

- *Ser uno mismo,* es decir, lo que uno es en lo más profundo de su ser y no lo que los demás dicen, esperan o desean. Pretender ser una persona distinta de uno mismo es absurdo; causa frustración y desaliento. Tenía mucha razón Kierkegaard cuando escribió: *La desesperación más común es no querer ser uno mismo. Pero la forma más profunda de desesperación consiste en escoger ser una persona distinta de uno mismo.*

- *Ser nada más que uno mismo,* es decir, no forzar sus límites por encima de sus capacidades reales, aspirando a ser más de lo que realmente uno es o puede llegar a ser.

- *Ser totalmente uno mismo,* es decir, no dejar sin cultivar ninguna de sus capacidades, sino aprovecharlas plenamente con inteligencia y eficacia. Es la realización total de las propias capacidades.

Ahora bien, para alcanzar este ideal, ¡te es preciso *decidirte a cambiar*!

Que nunca se te pueda aplicar una triste frase del poeta francés que, en edad avanzada, escribió con nostalgia: *El que soy saluda con tristeza a aquel que hubiera podido ser!*[3]

Si no te decides a cambiar y a progresar, se te podrá también aplicar el cuento del camello:

Había una vez un árabe que viajaba de noche. Sus esclavos, a la hora del descanso, se encontraron que no tenían más que 19 estacas para atar a sus veinte camellos. Cuando lo consultaron al amo, éste les dijo: *Simulen que clavan una estaca cuando lleguen al camello número veinte, pues como el camello es un animal tan estúpido se creerá que está atado.* Así lo hicieron efectivamente, y a la mañana siguiente todos los camellos estaban en su sitio; y el número veinte al lado de lo que se imaginaba una estaca, sin moverse de allí. Al desatarlos para marcharse, todos se pusieron en movimiento menos el número 20 que seguía quieto, sin moverse. Entonces el amo dijo: *Hagan el gesto de desatar la estaca de la cuerda, pues el tonto aún se cree atado.* Así lo hicieron y el camello entonces se levantó y se puso a caminar con los demás.

Cuáles serán las falsas ataduras que te impiden *aspirar a ser tú mismo*? ¿Habrá otros lazos que te amarran a tu inautenticidad por la cual no *aspiras a ser tú mismo*? ¿Y por qué no tratar de aprovechar al máximo tus inmensas potencialidades, aspirando a *ser totalmente tú mismo*?

---

[3] *"Ce que je suis salue avec tristesse celui que j'aurais pû être"* (Anónimo).

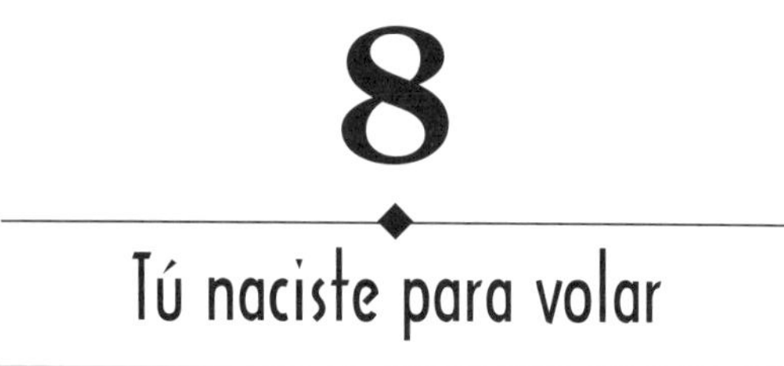

8
Tú naciste para volar

Triunfar en el arte de crecer es el título del libro que estás comenzando a leer... Convéncete de que, en realidad, *¡tú naciste para volar hacia la felicidad!*, y para lograr esta meta tienes que *superarte.*

En la mina de tu vida encontrarás partículas dispersas de oro inagotable que llamamos *la felicidad:* dinero, comidas delicadas, bebidas estimulantes, experiencias eróticas, salud, comodidades, placeres, paisajes, amistad, amor... Son gotitas del océano que dejan nuestro paladar más sediento; partículas de luz que nos hacen desear con más ardor el sol resplandeciente... La felicidad perfecta sólo la encontrarás en la posesión del Dios infinito por toda la eternidad...

El animal queda satisfecho al saciar sus instintos y pulsiones, pero no así el hombre. El ser humano anhela más y más felicidad; tiene una sed y un hambre que no se sacian.

Adopta una postura ante el sufrimiento, ante el dolor, ante la muerte, que le plantean interrogantes insolubles...Cultiva la planta verde de la esperanza: su imaginación crea mundos y goces fantásticos más hermosos y más al alcance de la mano que en los cuentos de hadas; puede razonar, es reflexivo, crítico, percibe mil posibilidades, se adelanta al futuro...; y, sobre todo, tiene una capacidad ilimitada de amar... Es capaz de crecer y de superarse...

Valor y esfuerzo

Pero la *superación* supone una ascensión ardua y penosa que exige dos condiciones: valor y esfuerzo. El *valor* es simplemente la decisión de obrar y enfrentarse a los obstáculos, a pesar de sentir el temor ante las dificultades. En su libro famoso *El camino menos transitado*[4], el conocido autor M. Scott Peck define el valor como la habilidad de moverse contra la resistencia engendrada por el miedo. El valor no consiste en la ausencia del miedo, sino en saber emprender una acción a pesar del miedo; moverse hacia lo desconocido y hacia el futuro, contra la resistencia producida por el miedo[5]. Y el *esfuerzo* significa una acción emprendida con energía; es la fuerza necesaria para superar la inercia; implica constancia y perseverancia...

¿Estás resuelto de verdad a luchar por la conquista de la *superación?* En este camino puedes optar entre tres actitudes, que se pueden expresar con una comparación.

Un grupo de excursionistas planea escalar la cumbre de una montaña elevada, tal vez el nevado del Ruiz o la Sierra Neva-

[4]PECK, M. SCOTT, *The Road Less Traveled*, Simon and Schuster, Nueva York, 1979.

[5]HANACHEK, DON, *Encounters With The Self*, Harcourt Brace Jovanovich College Pub., Forth Worth, 1992, p. 330.

da de Santa Marta. Llevan sus provisiones, sus elementos de campamento, su ropa y equipo apropiados.

El primer grupo ve el ascenso muy difícil y a poco rato de comenzar la subida, se desanima y regresa a la ciudad. Algunos ni siquiera han salido de su casa en donde están cómodos, calientitos y sin ningún esfuerzo.

El segundo grupo llega muy pronto a un paraje agradable; hay agua, el clima es tibio. Se dicen: *¡Qué bueno quedarnos aquí!*. Acampan, disfrutan de la comida y de la ociosidad; renuncian cobardemente a seguir adelante...

El tercer grupo mira la montaña iluminada por el sol. Supera el cansancio, los peligros, las penalidades, el hambre, la sed, el calor y el frío... Y, con valentía, corona la cumbre.

Y... ¿tú? Seguramente, no querrás retroceder y abandonar el camino de tu propio crecimiento, como los cobardes y pesimistas del primer grupo. Como los comodones del segundo ¿te anquilosarás en vez de seguir adelante hacia la conquista de tu *superación personal*? ¿Prefieres la satisfacción de los sentidos, el disfrute de los placeres, la saciedad de tus pasiones, los desbordamientos de la sexualidad, de la embriaguez, de la gula?

Espero que tu opción sea más decidida y tu actitud más esforzada. Que imites a los caminantes del tercer grupo y conquistes la cumbre de tu autorrealización personal.

Pero, no lo olvides, sólo con *valor y esfuerzo* coronarás esa meta.

Parábola del águila

Como el águila, tú naciste para volar:

Erase una vez un hombre que, mientras caminaba por la montaña, encontró un huevo muy grande; era de águila. Lo llevó a su casa, se lo puso a la gallina clueca, y junto con una hermosa camada de pollitos, nació un aguilucho. Pronto aprendió a comer la misma comida de los pollos y a conducirse como éstos. Un día un naturalista que pasaba por allí le preguntó al propietario por qué razón un águila, el rey de todas las aves, tenía que permanecer encerrada en el corral con los pollos.

Respondió el propietario: *Como le he dado la misma comida que a los pollos y le he enseñado a ser como un pollo, nunca ha aprendido a volar. Se conduce como los pollos y, por lo tanto, ya no es un águila.*

Sin embargo –insistió el naturalista– *tiene corazón de águila y con toda seguridad se le puede enseñar a volar.*

Después de discutir un poco más, los dos hombres convinieron en averiguar si era posible que el águila volara.

El científico la tomó en brazos suavemente y le dijo: *Tú perteneces al cielo, no a la tierra. ¡Abre las alas y vuela!* El águila sin embargo estaba confundida; no sabía lo que era y, al ver a los pollos comiendo, saltó y se reunió con ellos de nuevo.

Sin desanimarse, al día siguiente el naturalista llevó al águila al tejado de la casa y le animó diciéndole: *Eres un águila. ¡Abre las alas y vuela!*

Pero el águila tenía miedo de sí misma y del mundo desconocido, y saltó una vez más a la tierra, en busca de la comida de los pollos.

El naturalista se levantó temprano el tercer día, sacó al águila del corral y la llevó a una montaña. Ese mediodía de cielo claro y nubes blancas, allá en las alturas, nuestro animalito quedó sorprendido al ver unas extrañas aves que planeaban majestuosamente, casi sin mover las alas. Sintió como una sacudida en lo profundo de su ser. Algo así como un llamado ancestral que quería despertarlo en lo íntimo de sus fibras. Y él ¿por qué no volaba así? El corazón le latió apresurado y ansioso.

El científico alzó al rey de las aves y le animó diciendo: *Eres un águila y perteneces tanto al cielo como a la tierra. ¡Ahora abre las alas y vuela!* El águila miró a su alrededor, hacia el corral, y arriba hacia el cielo. Pero siguió sin volar... Entonces el naturalista la levantó directamente hacia el sol. El águila empezó a temblar, a abrir con lentitud las alas y, por último, con un grito de triunfo ¡voló alejándose hacia el cielo! *¡Había nacido para volar sobre las cumbres!*

Caminantes esforzados y águilas atrevidas

Afortunadamente el grupo de caminantes esforzados y la especie de los aguiluchos humanos audaces es, entre los humanos, más numeroso de lo que podríamos pensar. Y algunos han tenido que vencer limitaciones y deficiencias muy grandes para lograr superarse. Para darte ánimo, aquí tienes algunos ejemplos entre muchos.

En 1860 era elegido *Abraham Lincoln* como presidente de Estados Unidos. Pero el camino que lo condujo a ese gran honor no fue nada fácil. En 1832 fracasa en sus negocios; elegido para la legislatura en 1834, su prometida muere al año siguiente; un año más tarde, en 1836, sufre una depresión nerviosa; en 1838 es derrotada su candidatura para el congreso; al año siguiente logra una curul pero fracasa en su intento de ser reelegido; en 1854, nueva derrota para el senado; en 1856, es derrotada su candidatura como vicepresidente; de nuevo derrotada su candidatura para el senado en 1858... Necesitó valor y esfuerzo para llegar a ser presidente y uno de los hombres más grandes que ha producido América.

Más cercana a nosotros está la gran figura de *Winston Churchill* quien salvó de una derrota inminente a la Gran Bretaña en la Segunda Guerra Mundial. Pero los obstáculos que tuvo que vencer fueron terribles. Estuvo a punto de ser suspendido y expulsado de la escuela militar. Luchó como soldado en Cuba, en la India, en el Sudán. Como oficial naval de alto rango, su primera expedición naval fue un desastre; desacreditado se vio obligado a presentar renuncia. Sufrió dos derrotas en las urnas que lo mantuvieron alejado del poder durante una década...Y aun después de haber sido la figura nacional número uno durante la guerra mundial, sufrió una nueva derrota electoral. Finalmente, es elegido nuevamente como Primer Ministro y en 1953 nombrado Caballero y premio Nobel de Literatura por sus escritos y su oratoria. ¡Frutos del valor y del esfuerzo!

Beethoven era sordo. *Milton* era ciego. Aunque era desesperadamente alcohólico, según su propia confesión, *Bill Wilson* se superó y fue nada menos que el fundador y padre de los Alcohólicos Anónimos. Después de él y con el ejemplo suyo, muchos millares de personas de ambos sexos han superado su alcoholismo, y ayudan con generosidad a otras personas a superar el problema de la bebida.

Las desventajas no constituyen un impedimento para alcanzar la felicidad

Si hubo alguna vez una persona de la que pudiera suponerse que fuera desgraciada, ésta fue *Helen Keller*. Nació sordomuda y ciega, privada de la comunicación normal con la gente que la rodeaba; sólo el sentido del tacto podía ayudarla a comunicarse con los demás y a experimentar la dicha de amar y ser amada.

Pero sí podía comunicarse y, gracias a la ayuda de una abnegada y brillante institutriz que consiguió comunicarse amorosamente con Helen Keller, aquella niña sordomuda y ciega se convirtió en una mujer inteligente, alegre y feliz. La señorita Keller escribió en cierta ocasión:

> Cualquier persona que, por la bondad de su corazón, pronuncia una palabra de ayuda, esboza una sonrisa jovial o allana las asperezas del camino de otra, sabe que el deleite que experimenta forma tan íntimamente parte de sí misma que eso la hace vivir. A la alegría de superar los obstáculos que parecían insuperables y de empujar la frontera de los logros cada vez más lejos... ¿qué otra alegría se le puede comparar?

Si los que buscan la felicidad se detuvieran un instante a pensar, verían que los deleites que ya experimentan son tan infinitos como las hierbas que pisan sus pies o las gotas de rocío que centellean sobre las flores matutinas.

Hellen Keller contaba sus recursos y se mostraba profundamente agradecida por ellos. Después compartió la maravilla de estas ventajas con otras personas e hizo que éstas se sintieran felices. Dado que compartía lo que es bueno y deseable, atrajo hacia sí muchas más cosas buenas y deseables.

Porque cuanto más se comparte, tanto más se tiene. Y, si tú compartes la felicidad con los demás, la felicidad crecerá en tu interior.

Apreciado lector: ojalá que la lectura reposada de las páginas que siguen y tu reflexión personal, despierten en tu corazón el deseo de crecer, de superarte, de volar como el águila, hacia las alturas. Que las ideas y sugerencias que vas a encontrar a lo largo de estas lecturas, te enfrenten contigo mismo y abran tus ojos a la luz: a la claridad de los principios de la psicología científica y a la luz inmarcesible de donde toda ciencia proviene que es la luz increada, Dios.

9

¡También naciste campeón!

Napoleón Hill es el autor del famosísimo «best seller» titulado *Piense y hágase rico,* ha sido asesor de varios presidentes de Estados Unidos. W. Clement Stone es presidente de la *Combined Insurance Company of America* (que empezó con cien dólares y se convirtió en una compañía multimillonaria). Estos dos autores han escrito un libro famoso traducido al español con el título de *La actitud mental positiva: un camino hacia el éxito.*[6]

En dicho libro recomiendan los dos autores tener siempre clara conciencia de esta simple verdad: *¡Tú naciste campeón!*

Tú naciste campeón

¿Se le ha ocurrido pensar alguna vez en las batallas que ganó antes de nacer? «Deténgase a pensar acerca de sí mismo –dice el experto en genética Amram Schein-

[6]Cfr. HILL, NAPOLEÓN, & STONE, W. C., *La actitud mental positiva: Un camino hacia el éxito,* Bogotá, Grijalbo, 1992, pp. 341-342.

feld–· En toda la historia del mundo jamás ha habido nadie exactamente igual a usted y, en toda la inmensidad del tiempo venidero, jamás habrá otro igual».

Es usted una persona muy especial. Y tuvieron que librarse numerosas luchas concluidas con éxito para que apareciera usted. Imagínese: decenas de millones de células espermáticas participaron en la gran batalla y, sin embargo, sólo una de ellas ganó: ¡la que le hizo a usted! Fue una grandiosa carrera para alcanzar un solo objetivo: un valioso óvulo con un diminuto núcleo. Este objetivo por el que competían los espermatozoos era de tamaño inferior al de una cabeza de alfiler. Y cada espermatozoide era tan pequeño que hubiera tenido que ampliarse miles de veces para que el ojo humano pudiera percibirlo. Y, sin embargo, a este nivel microscópico se libró la batalla más decisiva de su vida.

La cabeza de cada uno de los millones de espermatozoides contenía una valiosa carga de 24 cromosomas, de la misma manera que, en el diminuto núcleo del óvulo, había también 24 cromosomas. Cada cromosoma estaba integrado por un conjunto de corpúsculos de apariencia gelatinosa. Cada bolita contenía cientos de genes a los que los científicos atribuyen todos los factores de su herencia.

Los cromosomas del espermatozoide incluían todas las tendencias y el material hereditario aportado por su padre y por sus antepasados; los del núcleo del óvulo contenían los rasgos hereditarios de su madre y de sus antepasados. Su madre y su padre representaban la culminación de más de dos millones de años de victoria en la lucha por la supervivencia. Y, entonces, un determinado espermatozoide –el más rápido, el más sano, el ganador– se unió con el óvulo que lo estaba aguardando para formar con éste una diminuta célula viva.

Se había iniciado la vida de la persona más importante. Usted se había usted proclamado campeón, triunfando sobre las más asombrosas fuerzas con que jamás haya tenido que enfrentarse. A todos los fines prácticos, había heredado usted de la vasta reserva del pasado todas las capacidades y facultades que potencialmente necesita para alcanzar sus objetivos.

Nació usted para ser un campeón y cualesquiera que sean las dificultades y obstáculos con que tropiece en su camino, jamás serán ni una décima parte de las que ya superó en el momento de su concepción. Toda persona lleva la victoria *incorporada.*

El punto de partida para obtener el éxito está en tener una *autoimagen y una autoestima positivas.* Veámoslo:

◆ Prácticamente la manera como uno siente acerca de sí mismo afecta de manera crucial todos los aspectos de su experiencia: desde el funcionamiento en el trabajo, en el amor, en la vida sexual, hasta la manera como se comporta como padre o qué tanto logra ascender en la vida. «La autoestima es la clave del éxito o del fracaso».

◆ La autoestima es también la llave para entenderse a sí mismo. Dejando de lado los problemas de origen biológico, no puedo pensar en ninguna dificultad que no se origine en una autoestima baja: la angustia, la depresión, el temor a la intimidad o al éxito, el alcoholismo y la drogadicción, el bajo rendimiento escolar, la inmadurez emocional, las disfunciones sexuales; hasta los crímenes y la violencia.[7]

◆ Crecer en autoestima es crecer en la convicción de que uno es competente, que merece vivir, que es digno de la felicidad; y por consiguiente es afrontar la vida con mayor confianza, benevolencia y optimismo; todo lo cual ayuda a obtener las metas que uno se fija y a disfrutar una experiencia de plenitud. Crecer en autoestima es expandir nuestra capacidad de ser felices.

◆ Cuando más alta es la autoestima, uno está mejor equipado para hacer frente a las adversidades de la vida, sin sucumbir ante el desánimo, la derrota, ni mucho menos ante la desesperación.

◆ Cuanto mayor es la autoestima, seremos más creativos en nuestro trabajo y por consiguiente tendremos más éxito en el mismo.

◆ Cuando mayor es la autoestima, estaremos mejor capacitados para crear y fomentar unas relaciones sanas y satisfactorias con los demás. Trataremos a los otros con mayor respeto, benevolencia y buena voluntad. No los percibiremos como potenciales amenazas, puesto que el respeto por sí mismo es el fundamento del respeto a los demás.

El cachorro de león

Había una vez un cachorro de león que se perdió y se metió en un rebaño de ovejas. Creció allí y se creía una oveja como las otras.

---

[7] BRANDEN, NATHANIEL, *Cómo mejorar su autoestima,* Paidós, Buenos Aires, 1991.

> Pero un día un león adulto llegó por allí y las ovejas corrieron espantadas para ponerse a salvo y, entre ellas, el pequeño león también corrió asustado.
> Pero el león, que lo había descubierto, le dió alcance y el cachorro asustado le dijo: «*¡No me comas, por favor!*» El león, sin decir nada lo agarró y lo arrastró hasta el borde de una charca y le obligó allí a mirar las dos imágenes reflejadas en el agua.
> El cachorro al verse como en realidad era, como un león, despertó y desde ese momento *¡ya fue todo un león!*[8]»

Las enseñanzas de este cuento sobre el cachorro de león se parecen a las que sacamos del aguilucho que se crió entre las gallinas: si tu autoimagen es el retrato de una oveja cobarde y tímida, te portarás como un medroso cordero; si la imagen de ti mismo que ves reflejada en el agua de tu conciencia es la de un león, tendrás firmeza en tus principios, vigor para progresar y cambiar, garras para afrontar las dificultades de la vida; tu autoestima modelará tu propio destino, porque esa visión profunda de uno mismo influye sobre todas las decisiones y determinaciones importantes y, por consiguiente, moldea la clase de vida que uno fragua para sí mismo.

En conclusión, ten siempre muy presente que:

- Tú eres una persona única e irrepetible.

- Como persona eres digno de aprecio, respeto y amor.

- Posees un organismo maravilloso como lo proclama la perfección de tus ojos, de tu corazón, de tu oído, de tus músculos, de tu cerebro...

---

[8] TONY DE MELLO, «El curso que no pudo dar», en *Vida Nueva*, nn. 1.590-1.591, Julio de 1987.

◆ Además, Dios te dotó de una inteligencia con la cual puedes conocerle, y de una voluntad para amarle a Él y al prójimo.

◆ Posees insospechadas capacidades de superación, de crecimiento, de generosidad, de «tolerancia a la frustración», de recuperación ante el fracaso.

◆ Tienes un alma inmortal, destinada a vivir eternamente para participar de la felicidad misma de Dios.

◆ Vales tanto que el mismo Dios se hizo hombre por TI, para redimirte, salvarte y hacerte plenamente feliz.

◆ No eres ni una gallina, ni un borrego. Puedes volar como el águila y ser tan valiente como un león.

◆ No sólo eres persona, sino que *¡eres hijo de Dios!*

En una palabra, recuerda con agradecimiento y humildad que

Tú naciste campeón

II
RESUÉLVETE A CRECER

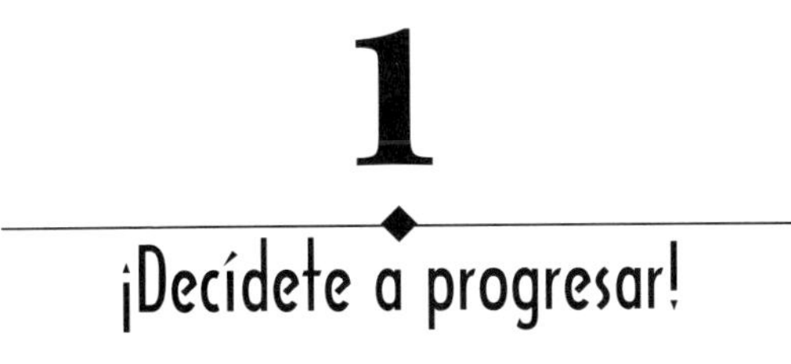

1 ¡Decídete a progresar!

Recuerda que "*un viaje de mil kilómetros comienza con un primer paso.* ¡Y este paso lo vas a dar hoy!

Ni tú, ni yo somos perfectos... De acuerdo.

Nadie es perfecto. No existe la persona completamente madura. Ninguna personalidad ha logrado llenar exhaustivamente el ideal de la salud mental. Mucho menos el ideal de perfección que Jesús propuso a todo cristiano: *¡Sed perfectos como vuestro Padre es perfecto!* ¡Casi nada se nos pide!

Los psicólogos están de acuerdo en que la madurez humana es una meta, un ideal, una utopía inalcanzable, hacia la cual vamos avanzando sin lograr nunca realizarlos plenamente.

El niño jamás toca la luna que brilla encima de la colina cercana aparentemente al alcance de su mano. De manera semejante, a medida que el hombre progresa, los ideales de la madurez y de la perfección se alejan como la imagen de la luna, haciéndose más exigentes, planteando desafíos inéditos, exigiendo mayores esfuerzos de superación personal.

Y si se trata de la perfección sobrenatural o sea del avance hacia Dios, también los autores espirituales recalcan la necesidad del esfuerzo progresivo, de la constancia, de la paciencia para un lento y fatigoso avanzar por el camino de la santidad.

Ahora bien, hay personas valientes que están *decididas a cambiar* en búsqueda de su ideal. Pero también vemos muchos perezosos, resignados a flotar muellemente al vaivén de las olas tibias de la mediocridad o a languidecer en los desiertos áridos de la esterilidad humana y espiritual.

La ley de la gradualidad

Apreciado lector: TÚ, trata de alinearte decididamente entre los primeros, que son valientes, resueltos y esforzados.

Pero, al retomar con entusiasmo renovado tu camino hacia la maduración integral, ten presente la consoladora *ley de la gradualidad.* La madurez o la autorrealización no se obtienen en un minuto, así como "Roma no se construyó en un día". Ya lo expresaba la sabiduría de los antiguos con esta expresión latina: *Nemo repente fit summus.* Traducida con libertad quiere decir: *Nadie conquista repentinamente la cima de la perfección, ni se hunde en un instante en el abismo de la degradación.*

Piensa un momento cómo se cumple la *ley de la gradualidad* en *el misterio de la vida:*

Si en una fábrica de tractores se quiere acelerar la producción, se recurre a la intensidad en el trabajo, y a la duplicación de la materia prima utilizada. Con ello se consigue producir la misma cantidad, en la mitad del tiempo. Por ejemplo, si en nueve meses sale de la fábrica una cantidad determinada de unidades, duplicando las horas de trabajo y el material utilizado, ese mismo número de tractores podrá salir en cuatro meses y medio. Para ello basta una decisión eficiente del señor director de la fábrica.

Pero si ese mismo señor se convierte en padre de un hijito, tendrá que esperar ansiosamente los nueve meses del embarazo para poder ver su rostro. No ganará nada con tener dos señoras.

Porque la vida tiene sus propias maneras de realizarse. Poniendo el doble de granos de trigo sobre la misma superficie de campo no necesariamente se consigue duplicar el rendimiento. Al contrario, suele acontecer que las plantitas se condicionen de tal manera por su cercanía que el resultado es exactamente contrario del que se buscaba de modo indebido.

Todo esto parece tan evidente. Y sin embargo lo que admitimos con naturalidad en la vida vegetal y animal, no queremos aceptarlo en la vida espiritual.

Tantas veces perdemos la paciencia ante la lentitud de los procesos de crecimiento propio o de los demás. Nos gustaría que un impulsivo diera frutos de paciencia, y le anulamos toda la riqueza a sus iniciativas. Exigimos a los niños que tengan la madurez que los grandes piensan haber conseguido, y con ello los hacemos apáticos a todo lo que no resulte eficiente.

Y en la oración ni qué hablar. Pretendemos engendrar al Espíritu Santo mediante técnicas ascéticas, o con complicados métodos psico-gimnásticos. Y pensar que sería más sencillo pedírselo a Nuestro Padre que está en los cielos que, como afirmó Jesús, no nos negará su Espíritu Bueno si se lo pedimos con actitud de hijos necesitados.

La vida será siempre *un misterio.* Pero real y presente en todas partes. Nos está permanentemente contando sus parábolas, si es que tenemos los oídos para oír, y el corazón para escuchar.[1]

No puede uno madurar de la noche a la mañana, sino recorriendo un largo caminar que exige dar un paso tras otro, sin apresuramientos ni impaciencias, pero sin demoras, ni concesiones, ni retrocesos ni desalientos: ¡Siempre adelante!, *tal como lo exige la ley de la gradualidad.*

Un paso después de otro

Otra sugerencia: *Divide et impera* (*divide para poder reinar*). Esta era la máxima política enunciada por Maquiavelo como medio de dominar a los demás. Puedes aprovechar esta máxima no con espíritu *maquiavélico* para explotar al prójimo, sino más bien para tu propia autorrealización sirviendo mejor a los demás.

Corrige hoy un defecto y el otro más adelante, con pasos graduales y metódicos. No pretendas lograrlo todo al tiempo. Tiene mucha razón el libro de *La imitación de Cristo* al afirmar que *si cada año corrigiéramos un vicio, pronto seríamos perfectos.*

---

[1] MENAPACE, MAMERTO, *Cuentos Rodados,* Editora Patria Grande, Buenos Aires, 1990 (9a. ed.), pp. 85-87.

Un paso cada día. Pero ningún día sin avanzar un paso. De nuevo la sabiduría latina le aconsejaba a quien pretendiera llegar a ser un gran escritor: *Nulla dies sine linea* (*ni un solo día sin escribir alguna línea*).

Cuenta tus dones

Haz un recuento de tus dones, recursos e insospechadas capacidades de crecimiento y de felicidad. Recuerda que uno de los cinco secretos para ser feliz que nos presenta Og Mandino en *El secreto más grande del mundo* es éste: ¡*Cuenta tus dones*!

No te atrincheres en racionalizaciones de gente perezosa, para disculpar tu inercia y tu pereza ante el cambio. Nunca digas frases neuróticas como aquella de que *Es que yo soy así.*

Precisamente porque eres así, vas a procurar, así sea solamente por hoy, no ser así.

Asume el timón de tu propia vida, sin culpar a los demás por tus errores, deficiencias o fracasos.

Procede con paciencia y con método: un paso después de otro, como el niño que está aprendiendo a caminar. Proponte realizar cada día (y *solamente por el día de hoy*) algún pequeño avance en algunos puntos concretos. Sólo por hoy, pero comenzando hoy mismo... ¿Quién no es capaz de ser bondadoso, paciente, alegre *sólo por un día de 24 horas?*

Dedica unos minutos a meditar el siguiente *Diálogo de la serenidad* que se atribuye al querido Papa Juan XXIII:

Sólo por hoy: diálogo de la serenidad

◆

Sólo por hoy

Trataré de vivir exclusivamente este día,
sin querer resolver el problema de mi vida
todo de una vez.

◆

Sólo por hoy

Tendré el máximo cuidado de mi aspecto,
seré cortés, no criticaré a nadie
y no pretenderé mejorar o disciplinar a nadie,
excepto a mí mismo (a).

◆

Sólo por hoy

Me adaptaré a las circunstancias,
sin pretender que las circunstancias
se adapten a mis deseos.

◆

Sólo por hoy

Dedicaré 10 minutos a una buena lectura
que constituya enriquecimiento personal.

◆

Sólo por hoy

Haré una buena acción y no lo diré a nadie.

◆

Sólo por hoy

Haré algo que no deseo hacer porque no me agrada,
y si me ofenden, nadie se enterará.

◆

Sólo por hoy

Seré feliz, con la certeza de que
he sido creado(a) para ser feliz
manteniéndome activo(a)
y en buena relación con los demás;
feliz, no sólo en la otra vida, sino en ésta.

◆

Sólo por hoy

Tendré un programa organizado.
Quizá no lo cumpla cabalmente, pero lo redactaré.
Y evitaré dos errores: la prisa y la indecisión.
Con este programa intentaré transformar las circunstancias
para que pueda haber felicidad para todos,
sin exclusión de nadie.

◆

Sólo por hoy

Creeré firmemente que la Providencia de Dios
se ocupa particularmente de mí,
aun cuando no todo me salga bien.

◆

Sólo por hoy

no tendré temores; particularmente no temeré
gozar de lo que es bello
y de las cosas sencillas de mi alrededor.
No temeré creer en la bondad:
en la mía y en la de todos.

Si yo cambiara...

◆

Si yo cambiara
mi manera de pensar hacia otros,
me sentiría sereno.

Si yo cambiara
mi manera de actuar ante los demás,
los haría felices.

◆

Si yo aceptara
a todos como son, sufriría menos.

◆

Si yo me aceptara
tal como soy,
exceptuando mis defectos,
cuánto mejoraría mi hogar, mi ambiente.

◆

Si yo comprendiera
plenamente mis errores, sería humilde.

◆

Si yo deseara
siempre el bienestar de los demás, sería feliz.

◆

Si yo encontrara
lo positivo en todos,
la vida sería digna de ser vivida.

◆

Si yo amara
al mundo... lo cambiaría.

◆

Si yo me diera cuenta
de que al lastimar,
el primer lastimado soy yo...

Si yo criticara menos y amara más...

SI YO CAMBIARA... CAMBIARÍA EL MUNDO.

2

Riesgos

Reír es correr el riesgo de parecer loco.

Llorar es arriesgarse a ser tenido por sentimental.

Entablar una relación es correr el riesgo que conlleva todo compromiso.

Manifestar los propios sentimientos es aceptar el riesgo de exponer el verdadero yo.

Presentar las propias ideas y sueños ante una muchedumbre es arriesgarse a perderlos.

Amar es arriesgarse a no ser correspondido con amor.

Vivir implica el riesgo de morir.

Emprender algo es arriesgarse al fracaso.

Pero hay que correr riesgos, porque el peligro más grande en la vida es no arriesgar nada.

La persona que nada arriesga no hace nada, no tiene nada y es nada.

Puede evitar el sufrimiento y la pena, pero no puede aprender, ni sentir, ni cambiar, ni crecer, ni vivir.

Encadenado a sus certidumbres, es un esclavo que ha perdido su libertad. Sólo la persona que se arriesga es libre.[2]

Todo aquello que uno desea verdaderamente en la vida implica el correr un riesgo:

Si no puede arriesgarse, no puede crecer,
si no puede crecer, no puede volverse mejor,
si no puede mejorar, no puede ser feliz,
si no puede ser feliz, ¿que otra cosa importa?

A ningún otro riesgo se acerca uno con tanto miedo como al de simplemente ser uno mismo...

Las personas que tienen miedo de ser ellas mismas no conocen nada de la vida. Les preocupan las apariencias, lo que otras personas piensen. Desean controlar a los demás en vez de amarlos.
El ir por la vida fingiendo ser algo que usted no es, o que siente lo que no siente, es no ser real.[3]

---

[2]HAMACHECK, DON, *Encounters with the Self,* Harcourt Brace Jovanovich College Publishers, Fort Worth, 1991 (4a. ed.)

[3]VISCOTT, DAVID, *Los Riesgos,* Diana, México, 1987 (3a. ed.), pp. 19, 97, 108.

Por último, medita que amar y seguir a Jesucristo

Es arriesgarlo todo,
para ganarlo todo:

***"El que ama su vida, la perderá; pero el que desprecia su vida en este mundo, la conservará para la vida eterna"* (Jn. 12,25).**

3 Doce pasos

Como en el caso de un alcohólico anónimo, también para emprender un programa de autoayuda en busca del verdadero bienestar psicológico, hay que empezar por reconocer sinceramente la propia miseria y la necesidad de buscar ayuda en otros seres humanos y sobre todo en un Ser Trascendente y Todopoderoso que está dispuesto a ayudarnos y que desea nuestro bien.

Si para tantos alcohólicos el programa ha sido efectivo y verdaderamente redentor, ¿por qué no podrá ayudarte a ti? Y si estos *Doce Pasos* se han mostrado efectivos también para los adictos al cigarrillo, o a las drogas, ¿por qué no te van a ser útiles para vencer otros malos hábitos o rasgos indeseables de su personalidad? La adaptación a tu caso personal, es responsabilidad tuya...

Los doce pasos de los alcohólicos anónimos

Paso uno: Admitimos que éramos impotentes ante el alcohol, que nuestras vidas se habían vuelto ingobernables.

Paso dos: Llegamos al convencimiento de que un Poder Superior podría devolvernos el sano juicio.

Paso tres: Decidimos poner nuestras voluntades y nuestras vidas al cuidado de Dios, como nosotros lo concebimos.

Paso cuatro: Sin miedo hicimos un minucioso inventario moral de nosotros mismos.

Paso cinco: Admitimos ante Dios, ante nosotros mismos y ante otro ser humano, la naturaleza exacta de nuestros defectos.

Paso seis: Estuvimos enteramente dispuestos a dejar que Dios nos liberase de todos estos defectos de carácter.

Paso siete: Humildemente le pedimos que nos liberase de nuestros defectos.

Paso ocho: Hicimos una lista de todas aquellas personas a quienes habíamos ofendido y estuvimos dispuestos a reparar el daño que les causamos.

Paso nueve: Reparamos directamente a cuantos nos fue poposible, el daño causado, excepto cuando hacerlo implicaba perjuicio para ellos o para otros.

Paso diez: Continuamos haciendo nuestro inventario personal y cuando nos equivocábamos lo admitíamos inmediatamente.

Paso once: Buscamos a través de la oración y la meditación, mejorar nuestro contacto consciente con Dios, como nosotros lo concebimos, pidiéndole solamente que nos dejase conocer su voluntad para con nosotros y nos diese la fortaleza para cumplirla.

Paso doce: Habiendo obtenido un despertar espiritual como resultado de estos *pasos*, tratamos de llevar este mensaje a los alcohólicos y de practicar estos principios en todos nuestros asuntos.

La alegría de vivir es el tema del *paso doce*. Acción es la palabra clave. La entrega que no solicita recompensa. El amor no tiene precio. ¿Qué es el despertar espiritual? Un nuevo estado mental y del ser que se recibe como un don. Hay que darle prioridad al crecimiento espiritual. La actitud de "dar y recibir". La dependencia de Dios es necesaria para la recuperación de los alcohólicos...[4]

---

[4]Tomados de CORPORACIÓN NACIONAL DE SERVICIO GENERAL DE ALCOHÓLICOS ANÓNIMOS DE COLOMBIA, *Doce Pasos y Doce Tradiciones,* Medellín, 1990 (8a. ed.).

4

Doce pasos para conseguir el bienestar psicológico

El psicólogo Donald Ardell fue uno de los pioneros en el estudio del bienestar psicológico. En una de sus obras más conocidas[5], presentó los *Doce pasos para adquirir el bienestar psicológico,* basándose en los conocidísimos 12 pasos de los Alcohólicos Anónimos, que a tantos millares de personas de toda raza, edad, sexo y condición les han prestado una invaluable ayuda.

Paso 1.
Reconozca humildemente sus miserias y la necesidad de cambio.

◆

Al reconocer que usted ha abdicado de la propia responsabilidad, está dando el primer paso hacia la liberación y el bienestar. Reconozca, pues, que muchas veces se ha dejado

[5]ARDELL, DONALD, *Ardell Wellnes Report,* citado por SCHAFER,WALT, *Stress Management for Wellnes,* Harcourt Brace Jovanovich College Publishers, Forth Worth, 1992, pp.31-32.

ensordecer y cegar por los encantos de sirenas que han causado su propia ruina; ha fallado a su deber en muchas cosas, halagado por gratificaciones inmediatas, sucias y desordenadas, impropias de su naturaleza humana. En otras palabras, usted necesita llegar a la conclusión de que lleva consigo un costal de basura, un desecho de ser humano. Pero no tiene por qué seguir siendo así y ¡no va a quedarse ahí sumido en el pantano de sus miserias!

Paso 2
Para dar comienzo a este proceso de cambio, tome conciencia de que *necesita buscar ayudas positivas*.

◆

Libérese de las personas que le impiden crecer. Busque amigos que le hagan bien y evite los negativos. Habite en un huerto saludable que favorezca su crecimiento, arrancando de su jardín la mala hierba de ciertas amistades...

Paso 3.
Asuma la responsabilidad de su propia vida.

◆

Elíjase a sí mismo como gurú y maestro soberano sobre el curso de su vida. Comprométase con autonomía y seguridad en sí mismo. Pero busque también amigos que le ayuden y, si es el caso, la ayuda profesional de un consejero o psicólogo. Pero sobre todo confíe en el ser espiritual y trascendente (Dios) que es omnipotente y desea para usted una vida de gozo y bienestar.

Paso 4.
Haga una evaluación exhaustiva de su situación.

◆

Evalúe sus limitaciones y sus recursos, poniendo énfasis en estos segundos. Mire hasta qué extremos ha abusado de sí mismo en el pasado. Considere, por ejemplo, los viejos patrones de comportamiento que acostumbraba emplear, como las disculpas, negación, preocupación, ira y autocompasión. Examine las relaciones nocivas y las tristes compañías que reforzaban lo peor de usted mismo. Tome la decisión firme de no volver a aceptar jamás estos modelos de comportamiento.

Paso 5.
Elabore, por escrito, un perfil de su vida pasada.

◆

Analice y discuta con algunos amigos y colegas especiales sus antiguos patrones de comportamiento para descubrir lo que usted ha sido y lo que está tratando de llegar a ser. Al compartir este perfil con algunos amigos de orientación positiva usted está colocando su pasado donde debe quedar.

Paso 6.
Haga un plan de vida que le conduzca al verdadero bienestar personal.

◆

Como la falta de un plan de bienestar le ha colocado hasta ahora en la posición más ridícula, de la misma manera un plan escrito de bienestar es también un método seguro que garantiza su avance gradual hacia la autorrealización.

Paso 7.
Fíjese y persiga sistemáticamente metas realistas.

◆

Considere qué es lo que desea realizar en la vida y por qué le parece importante lograrlo.

Paso 8.
Identifique algunas personas muy especiales, decisivas para la búsqueda de su bienestar.

◆

Inclúyalas entre sus *redes de apoyo.* Evite aislarse en la búsqueda de su bienestar. Tal búsqueda constituye un desafío en cualquier circunstancia, pero se necesitaría una personalidad extremadamente resistente para sostenerse en la búsqueda del bienestar, en medio de una tierra desierta.

Paso 9
Comparta

◆

Participe y discuta su compromiso y su nuevo estado de vida feliz con alguna persona que conozca o haya participado en su vida anterior desgraciada. Cuando fuere necesario, repare el mal que haya hecho; así conseguirá la tranquilidad de espíritu y eliminará los sentimientos de culpa. Arriésguese a manifestar a un confidente leal y prudente algo de lo suyo.

Paso 10.
Continúe evaluándose a lo largo del camino.

◆

Un estilo de bienestar nunca se completa mientras la vida dure. Siempre se requieren ajustes, cambios y una sintonización permanente.

Paso 11.
Ore y medite

◆

Añada una pequeña dosis de meditación, oración u otra forma de reflexión y de diálogo consigo mismo, si le ayudan para lograr la paz interior. Existen muchos y diversos caminos para acrecentar su depósito de energía espiritual y encontrar el equilibrio y la serenidad. La religión puede brindarle la ayuda del diálogo con Dios, el culto litúrgico, la oración de la comunidad, la lectura y meditación de la Sagrada Escritura.

Paso 12.
Salga de sí mismo, haciendo algo por los demás y ayudándolos.

◆

Comprometerse, compartir las experiencias y satisfacciones personales es prestar un servicio a quienes necesitan apoyo. El gozo de vivir es demasiado grande para reservárselo usted solo. Ofrézcase a compartirlo, sin necesidad de convertirse en un proselitista aburridor y molesto.

¡Esfuércese por vivir su vocación de apóstol![6]

---

[6] ARDELL, DONALD, *Ardell Wellnes Report*. Traducción y adaptación de Álvaro Jiménez Cadena, S.J., Ph.D. Para uso privado.

III

Tres enemigos vencidos: angustia, miedo, estrés

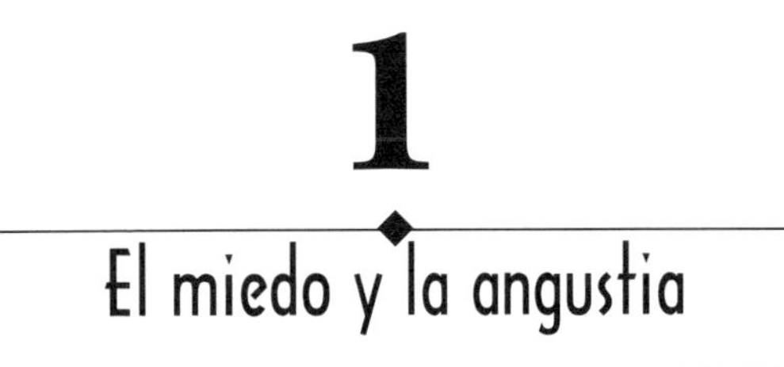

1 El miedo y la angustia

Uno de los obstáculos más grandes para *triunfar como persona* son los miedos y angustias que se interponen en nuestro camino. Se ha hecho célebre la frase pronunciada por el entonces presidente de Estados Unidos durante la gran depresión económica de los años treinta: *¡Lo único que debemos temer es el miedo!*

Ahora bien ¿qué es eso que llamamos *miedo,* que todos, hombres y mujeres experimentamos con frecuencia y que tanto nos hace sufrir? Según un conocido Diccionario de Psicología[1], el miedo es *una emoción de violenta agitación o sobresalto ante la presencia (actual o anticipada) de un peligro o dolor.* La palabra *temor* se considera como sinónimo de miedo.

---

[1]ENGLISH, H.B. & ENGLISH, A.C., *A Comprehensive Dictionary of Psychological and Psychoanalytical Terms,* Longmans Green, Nueva York, 1958.

El miedo se distingue de la *angustia*, aunque con frecuencia las dos emociones son compañeras inseparables y sus linderos son muy borrosos y vagos. La *angustia es un estado emocional desagradable, un sentimiento de amenaza en que la persona no puede decir de dónde viene tal amenaza.*[2]

Mientras el *miedo* es una reacción emocional ante un peligro generalmente externo al individuo, definido y de naturaleza más o menos conocida, la *angustia* es una reacción vaga, imprecisa, ante una amenaza indefinida, que con frecuencia brota del interior del propio ser; es como una aprehensión de un peligro incierto. Aunque nos cueste mucho identificar a este verdugo, a todos nos ha atormentado no una sino muchas veces.

Son muchos los temores que nos hacen sufrir. Algunos *miedos que nos atormentan con frecuencia*[3]: miedo al fracaso, al éxito y a las responsabilidades, a la intimidad, a la desaprobación y a las críticas, a la soledad, al trato con la gente, a lastimar a un ser querido, a los cambios, y aun al propio crecimiento y ejercicio de la libertad...

---

[2] *Ibídem.*

[3] Cfr. JIMÉNEZ, ÁLVARO, *Dinamismos Psicológicos de la Madurez Emocional, Cap. VI,* Indo-American Press, Bogotá, 1994 (2a. ed.) .

2

Aprende a manejar el miedo y la angustia

Toda persona normal, no sólo las mujeres y los niños, sino también los hombres adultos y maduros, experimentamos muchos temores y sentimos la penetrante tortura de la angustia. Por eso es tan importante aprender a controlar estos sentimientos. A continuación encontrarás algunas sugerencias prácticas para *aprender a manejar el miedo y la angustia.*

1. No le tenga miedo a la angustia. El temor a sentir angustia es causa de angustia. Apenas comienza usted a sentirse amedrentado ante la posibilidad de sentir angustia, ésta se hace presente. Generalmente cuanto más uno se preocupa por algo, tanto peor... Cuanto más se preocupe por la posibilidad de experimentar un ataque de angustia, es más probable que éste ocurra.

2. Acepte su miedo y su angustia, como sentimientos naturales que tiene que experimentar sin combatirlos ni resistirlos directamente. La clave para manejar el miedo y la angustia es simplemente aceptarlos. Cuanto más se esfuerce por librarse de sus miedos y los considere más inaceptables y vergonzosos, tanto peor. Cuanto más los ignore y menos atención les preste aceptándolos como son, tanto menos poder tienen sobre usted.

3. *Asuma esos sentimientos como propios.* No mire la angustia como algo extraño y separado de usted, que le sobreviene y le quita su autocontrol; sino como algo que usted experimenta, que está dentro de usted y que está, por consiguiente, sujeto a su control.

4. *Acéptese a sí mismo tal como es.* El hecho de que sienta angustia no significa que usted sea un bicho raro, ni de que deba autodespreciarse. El rechazo por parte de los demás no puede lastimarlo, si usted mismo no se desprecia a causa de él. Un fracaso no puede destruirle, a no ser que usted se desprecie por causa del mismo. No tiene que ser amado y aceptado por todo el mundo para poder aceptarse a sí mismo; no tiene que ser perfecto para poder respetarse; no tiene que haber obtenido un dominio perfecto sobre sus sentimientos para considerarse una persona digna.

5. *Reconozca que el miedo es una emoción aprendida.* Por consiguiente, se puede *desaprender,* o sea que usted es capaz de controlarlo.

6. *Deje de preocuparse* por la simple posibilidad de que algo desagradable le *podría* sobrevenir. No caiga en la trampa del *¿Qué sucedería si...?* Abandone la creencia neurótica de que es importante asegurarse contra todo peligro posible; luche contra la idea de que tiene que pensar constantemente sobre la situación que le aterroriza y concentrar su atención sobre ella. Recuerde que no son las circunstancias por sí solas, sino sus pensamientos y la interpretación de los sucesos lo que causa sus temores. Tenga sumo cuidado en descubrir y

combatir el *diálogo interior negativo,* reaccionando vigorosamente contra ciertas necedades mentales (*conceptos neuróticos o creencias irracionales*) como:

- *Tengo que preocuparme terriblemente por algo*
- *El preocuparme me ayudará a...*
- *Cuando más concentre mi atención en el peligro, tanto mejor lo evitaré. Es importante pensar en un peligro, simplemente porque podría eventualmente ocurrir...*
- *Los acontecimientos externos me pueden perturbar.*

7. Evite obsesionarse con las catástrofes. En el momento en que usted se convence de que algo es espantoso o terrible, o que está por sobrevenirle una catástrofe, se llena de temor. Mediante el *diálogo interior* puede hacer dos cosas:

a. Convencerse de que si se presentara esa situación, al fin de cuentas no constituiría una catástrofe, aceptando su temor no como un terrible inconveniente, sino como una molestia tolerable.

b. Convencerse de que aunque la situación fuera realmente «*catastrófica*», de nada le sirve descontrolarse, porque su angustia desmedida simplemente empeora la situación.

8. Recuerde que por el hecho de sentir miedo no quiere decir que usted esté perdiendo la cabeza. Muchas personas creen que sentir un ataque de angustia, significa que se están volviendo locos. Estar angustiado y volverse psicótico son dos cosas muy diferentes.

9. Mire el miedo y la angustia como un desafío: como problemas que hay que manejar y resolver, no como una catástrofe de la cual tiene que huir. Cuando sus reacciones son excesivamente intensas, la angustia se apodera de usted. En cambio, cuando trata de resolver el problema, su atención se concentra en la búsqueda de una solución y la angustia se calma o desaparece.

10. Emplee la desensibilización sistemática:

a. Aprenda y practique algún método de relajación sistemática. Una persona físicamente relajada no puede permanecer ansiosa.

b. Después de relajarse, imagínese que está ejecutando precisamente el comportamiento que le causa temor, pero representándose a sí mismo como triunfador sobre sus temores.

11. Afronte, mediante experiencias de la vida real, aquello que más teme. Esto supone por lo menos tres elementos:

a. Arriesgarse repetidamente, para exponerse a lo que más teme: fracasos, críticas, hablar en público, etc.

b. No inculparse a sí mismo cuando no logre actuar perfectamente. No confundir su persona con sus logros.

c. Premiarse cuando logra cualquier progreso, por pequeño que le parezca.

12. Distráigase cuando la angustia se vuelva excesivamente intensa. Es imposible angustiarse por algo, si uno no piensa en ello. Cualquier cosa que lo distraiga de sus preocupaciones le dará alivio: sus *hobbies,* una diversión, un trabajo, un deporte, un recuerdo, una lectura interesante.

13. Esfuércese por tener una visión amplia de la vida y una extensa gama de intereses. La persona con amplias experiencias está capacitada para comparar su situación actual con otras experiencias previas, sin perder el sentido de las proporciones.

14. No tema ser independiente. No ande mendigando la simpatía de los demás. Hay personas que usan el miedo y la angustia para controlar a los otros, buscando que les compadezcan y para conseguir privilegios o excepciones.

15. Acepte la realidad. La vida está llena de peligros, de penas y de injusticias. Todo ser viviente tiene que sufrir y usted no es la excepción. Recuerde que:

a. La mayor parte de las frustraciones no son tan malas como uno piensa.

b. Aunque algo sea malo, no tiene por qué descontrolarse por ello y empeorar la situación. Si se concentra excesivamente en lo malo, crea sufrimientos adicionales innecesarios para sí mismo y para las personas que le rodean.

16. Tenga expectativas realistas. No espere progresos repentinos en cuanto a:

a. La duración de los temores y angustias.
b. La intensidad.
c. La frecuencia con que ocurrirán.

17. Prémiese por sus progresos. Los otros pueden estar demasiado ocupados para acordarse de estimularlo (cfr. n. 12).

18. Tenga cuidado con el poder del fenómeno llamado recuperación espontánea. Existe una fuerte tendencia de los síntomas neuróticos a renacer cuando ya uno pensaba haberse liberado de los mismos. ¡No se desanime! Se puede ganar una guerra, aunque se pierdan varias batallas o escaramuzas.

19. Finalmente:

¡Confíe en la divina providencia...
y en el amor de Dios
que todo lo dispone
para bien de los que le aman...

Y en el poder pacificante
y reconfortante
de la oración...!

¡Una fuente de paz inundará tu alma! [4]

---

[4]Cfr. JOHNSON, DAVID W., *Reaching Out,* Allyn and Bacon, Boston, 1993.

3

Estilos de pensamiento que predisponen al estrés[5]

El miedo y la angustia no sólo pueden convertirse en obstáculos para *triunfar como persona*, sino también en fuentes contaminadas de donde brotan las aguas cenagosas del estrés que tanto nos atormenta. Y, según la *psicología cognitiva*, de tanta actualidad, con frecuencia el estrés nos domina y nos atormenta simplemente porque no hemos aprendido a controlar nuestros pensamientos.

De aquí la importancia de aprender a detectar y modificar ciertos *estilos de pensamiento que predisponen al estrés*. Hay varios estilos de pensamiento y de vida que nos predisponen a la excitación emocional dañosa y fatigante:

1. Mantener las *creencias supersticiosas* de que el preocuparse previene los errores y desventuras, ayuda a anticipar el futuro, o proporciona un control adicional sobre el curso de los acontecimientos.

---

[5]Al manejo del estrés, se puede aplicar lo que diremos al hablar acerca de las *Terapias de orientación cognitiva*. Especialmente útil puede resultar aquí el empleo del *diálogo interior* y el *Paradigma A.B.C.D.*, que se explica al hablar sobre *El Optimismo Aprendido*, pp. 167-173.

2. Considerarse como persona menos valiosa o meritoria, por no llenar los estándares de desempeño o las expectativas ajenas.

3. Creer que la seguridad emocional y la posibilidad de relaciones satisfactorias dependen de personas o situaciones específicas, a las cuales se condiciona también la seguridad personal.

4. Considerarse como inferior o en desventaja permanente en comparación con otras personas, lo cual hace imposible una vida satisfactoria.

5. Extender de modo indebido los límites personales, identificándose con demasiadas personas, cosas o ideas, de tal modo que uno se torna desmesuradamente vulnerable a la irritación y a la amenaza.

6. Adoptar una orientación competitiva de *perder o ganar,* que convierte la vida en una carrera de competencias, porque hace depender la autoestima de cada una de tales situaciones.

7. El pensamiento moralista acerca de cómo deberían o no deberían comportarse los demás; tal moralismo lleva a sentimientos de ira, frustración e indignación moral.

8. Atribuir los comportamientos negativos o molestos de los demás a torcidas intenciones o a rasgos permanentes de personalidad; estas *atribuciones* producen condenas, rabia e intolerancia.

9. La creencia de que uno tiene derecho a vivir libre de toda molestia, o que merece obtener cuanto desea, lo cual produce una baja tolerancia ante las inevitables frustraciones de la vida.

Por el contrario, aceptar nuestras limitaciones, disfrutar del presente y de tantas cosas bellas que Dios nos da, el vivir contentos sirviendo a los demás son factores importantes para el bienestar psicológico etc.[6]

---

[6] WOOLFILK, ROBERT-RICHARDSON, FRANKL, *Stress, Sanity and Survival,* New American Library, Nueva York, 1979.

4

Reduce el estrés en tu estilo de vida

El estrés es la epidemia de nuestros tiempos. Presentamos algunas ideas y directrices básicas para su manejo:

1. NO SON LOS ACONTECIMIENTOS, SINO NUESTRA MENTE, LO QUE NOS HACE FELICES O DESDICHADOS.

Nuestras percepciones e interpretaciones de la realidad y nuestra visión del mundo es lo que crea el estrés. A veces reaccionamos ante pequeños problemas como si fueran grandes catástrofes. De igual manera podemos elegir pensamientos y creencias que conduzcan a la serenidad y a la salud:

- *La mente puede hacer del infierno un cielo, o del cielo un infierno* (John Milton).

- *Vi que todas las cosas que yo temía y las que me temían a mí, no tenían nada bueno ni malo en sí mismas, excepto en cuanto afectaban mi mente* (Spinoza).

◆ *Los hombres no se preocupan por las cosas, sino por sus ideas acerca de las cosas* (Epicteto).

◆ *Cuando usted sufre por alguna cosa exterior, no es ella la que lo conturba, sino su propio juicio acerca de ella* (Marco Aurelio).

◆ *No somos influidos por los hechos, sino por nuestra interpretación de los hechos* (Alfred Adler).

2. LA FELICIDAD NO SE CONSIGUE BUSCÁNDOLA DIRECTAMENTE COMO META

La felicidad es siempre un subproducto de otras actividades. Por lo general resulta de la habilidad para dejar de concentrarse en sí mismo y dejarse absorber por otras actividades.

3. DISFRUTA CADA UNA DE TUS ACTIVIDADES

Haz cosas que te permitan concentrarte sobre la ocupación misma y disfrutarla, en lugar de preocuparte por evaluar tu desempeño o el provecho que te traerá ese trabajo.

◆ *El hombre se encuentra a sí mismo cuando halla su propio lugar; y encuentra su lugar cuando halla otras personas que necesitan de sus cuidados y a las cuales él tiene necesidad de cuidar* (Milton Mayeroff).

4. ACEPTA TUS PROPIAS LIMITACIONES

Aprende a reconocer y aceptar tanto tus limitaciones personales y tu incapacidad de controlar muchas de las cosas que te suceden, como las cualidades y logros obtenidos.

5. CULTIVA EL SENTIDO DEL HUMOR

Un humor benévolo, sin hostilidad. Aprender a reírse de sí mismo no solamente alivia la tensión sino que facilita la autoaceptación.

6. APRENDE A TENER PACIENCIA CONTIGO MISMO Y CON LOS DEMÁS, A PERDONARLOS Y A PERDONARTE.

La intolerancia con nuestras propias fragilidades produce estrés y rebaja la autoestima. La intolerancia con los demás produce inculpaciones y rabia.

7. CULTIVA EL DON DE LA EMPATÍA

Aprende a mirar el mundo y a ti mismo con los ojos de los demás. La empatía es el antídoto contra las inculpaciones y la rabia.

8. TÚ ERES EL ÚNICO RESPONSABLE DE TU PROPIA FELICIDAD

Todos tenemos necesidad de los demás para algunas cosas. Pero debemos asumir la responsabilidad última de nuestra propia felicidad. Ninguna persona nos puede hacer seguros y felices. Tú debes lograrlo por ti mismo.

9. SIEMPRE HABRÁ PROBLEMAS Y SIEMPRE EXPERIMENTAREMOS ESTRÉS

Las luchas de la vida pueden cambiar, pero nunca terminan. Deja de esperar el día *en que puedas descansar,* en que *no haya ningún problema.* Ese día nunca llegará. Goza del presente y de tantas cosas bellas que se te ofrecen todos los días.

10. VIVE EN EL PRESENTE

Muchos fantasmas que para nada sirven, habitan en nuestro pasado o amenazan nuestro futuro. Esos fantasmas sólo sirven para disculpar nuestras deficiencias y robarle al presente su gozo y su vitalidad.

11. ARRÓJATE FELIZ Y CONFIADO EN LOS BRAZOS DEL PADRE CELESTIAL

Él cuida de los lirios del campo y de las aves del cielo y no dejará caer ni un cabello de tu cabeza, si no es para tu bien... *todas las cosas contribuyen para el bien de los que lo aman.*[7]

[7]WOOLFILK, ROBERT-RICHARDSON, FRANKL, *Stress, Sanity and survival,* New American Library, Nueva York, 1979. Traducido para uso privado por Álvaro Jiménez Cadena.

IV

Acepta y aprecia tu persona

1

El artista que se enamoró de su estatua

Pigmalión fue un escultor legendario oriundo de Chipre. Este artista esculpió una bellísima estatua de la ninfa Galatea. La estatua le quedó tan bella que el mismo escultor se enamoró de su obra de arte y cuando Afrodita le infundió vida, Pigmalión se casó con la estatua que había soñado y creado con sus propias manos.

Este mito ha dado origen a obras literarias tan hermosas y aleccionadoras como *Pigmalión* del literato irlandés Bernard Shaw; la comedia musical *El Hombre de la Mancha* y la bellísima película *My Fair Lady*.

Por su parte, los psicólogos han retomado la fábula para describir un interesante fenómeno identificado precisamente como *El Efecto de Pigmalión*.

¿En qué consiste el Efecto de Pigmalión? De manera consciente y más frecuentemente por procesos subconscientes o inconscientes, el individuo tiende a convertir en realidad la imagen que otras personas y sobre todo él mismo se forman acerca de él, especialmente cuando se trata de personas importantes en la vida como son sus padres o educadores, sus compañeros en la escuela o sus jefes y colegas en el oficio y profesión.

En virtud de este principio, el papá que se forma una pobre imagen acerca de la inteligencia, de las capacidades o personalidad de su hijo, está provocando en el niño comportamientos que contribuirán a convertirle en un estudiante de mediocre rendimiento, en una personalidad amorfa y desteñida; tal vez en un individuo acomplejado, en una palabra en un *Don Nadie.*

La mamá que no reconoce ninguna gracia ni atractivos en su hija, de manera consciente o inconsciente, está propiciando la formación de una joven que se cree fea; y se torna insegura, atormentada por una baja autoestima, temerosa de tratar a la gente, insípida y en realidad poco atractiva en su trato con los demás; quizás llegue a quedarse solterona para «vestir santos»... Pero la culpa hay que achacársela a la mala imagen que la madre se formó de su hija y con esto provocó una *profecía de autocumplimiento (self-fulfilling prophecy)...*

Por el contrario, el maestro que descubre en el muchacho inquieto, travieso y distraído, la madera para llegar a ser un buen matemático, un organizador, un buen deportista, un orador o financista, lo está estimulando con su reconocimiento a que realice el ideal que este nuevo Pigmalión se ha formado de su estatua futura... Nada extraño que el muchacho se forme una autoimagen positiva y se esfuerce por parecerse a la imagen que su maestro se ha formado de él: aprenderá matemáticas, desplegará sus cualidades organizativas, sobresaldrá en el deporte, se expresará con convicción; puede llegar con el tiempo a manejar hábilmente las finanzas... Son los posibles resultados positivos del *Efecto de Pigmalión.*

El empresario que confía en la responsabilidad y competencia de sus subalternos, generalmente los estimula a comportarse bien y a esforzarse para no defraudar sus expectativas; por el contrario, los estimula a colocarse a la altura de la imagen que como jefe se ha formado de ellos.

Ilustremos este principio con algunos ejemplos de la literatura y de la vida real.

El Hombre de la Mancha.[1] ¿Quién no conoce la obra inmortal de Cervantes *Don Quijote de la Mancha*? Hay una comedia musical, basada en la obra de Cervantes, en que aparece muy claramente ilustrado el *Efecto de Pigmalión.*

Un caballero medieval conoce a una mujer de la calle, una infeliz prostituta a quien todo el mundo desprecia. Pero ese caballero ve en ella no sólo un cuerpo hermoso y apto para excitar los apetitos sexuales de los hombres, sino una personalidad llena de cualidades y preciosos valores y potencialidades que ningún cliente ha sabido reconocer ni apreciar. Le pone un nuevo nombre *Dulcinea.*

Ella es la primera en desconocer y negar sus propios valores y en considerarse una piltrafa de la sociedad. Descarta al caballero como un soñador iluso, ciego ante la realidad de su vida miserable. Pero la imagen que se ha formado el caballero y la estimación y respeto que le demuestra, son

[1] «The Man of La Mancha».

más poderosos que su autoestima negativa; el amor incondicional del Hombre de La Mancha penetra hasta lo más profundo de la mente y de la voluntad de Dulcinea; comienza a creer en sí misma y, ante la incredulidad de cuantos la conocen, cambia totalmente su vida y su persona, sacando a luz lo mejor que hay oculto en ella. Más tarde, cuando entre las vicisitudes de la vida se le presenta la tentación de volver a su antigua vida, el caballero la llama a su lecho de moribundo y mirándola a los ojos, le susurra: *Nunca lo olvides, tú eres Dulcinea!*

My Fair Lady. Argumento parecido tiene el bellísimo film *My Fair Lady*. El famoso Profesor O'Higgins encuentra en las calles de Londres a una mujer vulgar, desarrapada y sucia, revendedora de flores. Pero bajo los sucios andrajos y el lenguaje ordinario, el Profesor descubre no sólo una belleza extraordinaria, sino capacidades para formar una personalidad maravillosa. Él está seguro de que podrá hacer de esa pobre mujer nada menos que una reina, capaz de causar admiración en los palacios y en las cortes europeas. Con paciencia infinita se dedica a enseñarle la dicción y la pronunciación inglesa, hasta que convierte en realidad la imagen que él se había formado previamente en su corazón. Naturalmente que, como Pigmalión, el Profesor O'Higgins acaba también enamorándose de la *Bella Dama* de sus pensamientos...

Thomas Edison. Pero el fenómeno que estamos comentando no se da sólo en la ficción de las fantasías y creaciones literarias o musicales. El caso de Edison es muy elocuente.

¿Quién no ha oído hablar de este famoso inventor? Pero lo que tal vez no muchas personas conocen y puede causarles mucha extrañeza es el saber que cuando Edison llevaba apenas tres meses en la escuela primaria, la maestra y sus compañeros le decían que era un estúpido.

Muy triste, el niño fue a contarle a su madre lo que había oído: la maestra le había comunicado al Inspector que él era un *tonto* y que no valía la pena tenerlo más tiempo en la escuela. Su madre consoló al muchacho y reafirmó su confianza en sus talentos; pero llena de furia, se fue con el niño de la mano a la escuela y con toda su indignación les gritó a la maestra y al Inspector que su hijo Thomas Alva Edison tenía más talento que cualquiera de ellos.

Al oír las alabanzas y ponderaciones de su madre, el niño a partir de aquel incidente se convirtió en otra persona. Mucho más adelante, escribirá agradecido:

> *Mi madre ejerció sobre mí una influencia que ha perdurado a lo largo de toda mi vida. Jamás podré perder los beneficiosos efectos de sus enseñanzas iniciales. Mi madre fue siempre cariñosa, siempre comprensiva, y jamás me interpretó o me juzgó erróneamente.*

La confianza y estimación de su madre y la imagen que de él se había formado le indujeron a verse a sí mismo con una luz completamente nueva y diferente.

Una *profecía de autocumplimiento* se basa en el principio de que una expectativa, una creencia o predicción de quien participa en un evento, es un factor que contribuye de manera decisiva a que esa predicción se convierta en realidad. A veces de manera consciente, otras muchas en forma inconsciente, ponemos las acciones conducentes para que la profecía, positiva o negativa, se convierta en realidad.

Por eso, el especialista en psicología de la autoimagen y la autoestima, Jourard, insiste en que la autoimagen no solamente es *descriptiva* de comportamientos pasados, sino también *predictiva* de conductas futuras.

2

Autoimagen y profecías de autocumplimiento

Obviamente la autoimagen refleja los patrones habituales de comportarse un sujeto. Es su valor *descriptivo*. Pero la autoimagen influye también sobre los comportamientos futuros, en los cuales puede con frecuencia descubrirse una tendencia a conformarse con los contenidos de la autoimagen. Esto es lo que constituye su carácter *predictivo*. Jourard opina que cuando obramos contra nuestro carácter, nos sentimos incómodos o tensos; por eso, la imagen que uno tiene acerca de sí mismo contribuye a modelar sus acciones.

También la *Teoría de la disonancia cognoscitiva* propuesta por Festinger enseña que cuando existe una *disonancia* o desarmonía entre dos percepciones, entre dos pensamientos o valores, o entre éstos y los comportamientos, el individuo experimenta una desagradable *tensión* psicológica, que sólo se alivia cuando se restablece la *consonancia cognoscitiva*. De aquí que el sujeto tienda a buscar desesperadamente esta armonía; en el caso que nos ocupa, sería la armonía entre la imagen que el sujeto u otras personas importantes se han formado de él y la realidad presente, o sea su yo-real. Así nuestra autoimagen ejerce un poderoso influjo sobre las acciones de cada día y sobre el Yo-Real.

Si yo creo sinceramente que soy inteligente y capaz de presentar un buen examen, tengo a mi favor muchas probabilidades de éxito en una prueba difícil en la escuela o universidad. Si estoy persuadido de que *A mí no me entran los idiomas. Voy a perder el examen de Inglés,* lo más probable es que la profecía que me hago a mí mismo se convierta en una triste realidad.

Los ejemplos podrían multiplicarse: la secretaria que aspira a un puesto o el bachiller que se prepara para presentar la entrevista de admisión, se creen competentes y capaces o por el contrario incompetentes y mal preparados. El fumador que está persuadido y confiado en su fuerza de voluntad para superar el hábito del cigarrillo. El bebedor que se considera un abúlico e impotente ante el atractivo de la botella y la oportunidad de tomarse unos tragos. La muchacha que se considera atractiva y simpática, o por el contrario la niña que no reconoce ninguna gracia en sí misma y se siente insegura y asustada ante el muchacho que le muestra algún interés o le pide bailar con él. El superior recién nombrado que desconfía de su capacidad para tratar bien a sus subalternos y colaboradores. El orador que se prepara para un discurso importante. Todos ellos ilustran lo que significa la *autoimagen como profecía de auto-cumplimiento,* con sus tremendas consecuencias, negativas en algunos casos, positivas en otros casos afortunados.

Las actitudes hacia sí mismo, tanto positivas como negativas, tienden a perpetuarse por sí solas. Así una persona que se siente competente suele ser más emprendedora y tiene mayores probabilidades, por tanto, de obtener éxito, reforzando así sus sentimientos originales de valía. Lo contrario ocurrirá al individuo que se cree un inútil y no se atreve a emprender nada nuevo. Es uno de tantos casos en que se verifica la *profecía de autocumplimiento (self-fulfilling prophecy).* Un conjunto de creencias mías despiertan determinadas reacciones en los demás y dichas reacciones, a su vez, hacen que mis expectativas y creencias se conviertan en realidad.[2]

> Nuestra autoimagen forja nuestro destino; nuestra visión más profunda de nosotros mismos influye en todas nuestras opciones y decisiones y, por consiguiente, modela la clase de vida que creamos para nosotros mismos.[3]

Considere algunos efectos de la autoestima positiva y anímese a tratar de conseguirlos:

A medida que usted desarrolle su autoestima:

* Su rostro, sus gestos y su manera de hablar y de moverse tenderán naturalmente a proyectar el placer que le causa estar vivo.

* Quizás descubra que se siente más cómodo al dar y recibir elogios, expresiones de afecto, aprecio, etc.

* Estará más abierto a la crítica y a sentirse bien al reconocer sus equivocaciones, pues su autoestima no estará ligada a una imagen de «perfección».

---

[2]Este tema ha sido ampliamiente tratado por JIMÉNEZ C., ÁLVARO, *Aportes de la Psicología a la Vida Religiosa,* Ed. San Pablo, Bogotá, 1993 (2a. ed.), pp. 31-54.

[3]BRANDEN, N., *Raise your Self-Esteem,* Scott, Bantham Books, Nueva York, 1988

* Habrá cada vez más armonía entre lo que usted diga y haga y su aspecto, su modo de hablar y de moverse.

*Los sentimientos de angustia o inseguridad, si se presentan, tendrán menos posibilidades de intimidarlo o abrumarlo, ya que controlarlos y superarlos le parecerá más fácil.

Incluso en el nivel físico, pueden producirse cambios notables a medida que desarrolla su autoconfianza y su autorrespeto:

* Sus ojos estarán más alerta, brillantes y vivaces.

* Su postura será relajada, erecta, bien equilibrada.

* Su modo de caminar será resuelto, sin ser agresivo ni arrogante.

* Sus manos estarán más relajadas, elegantes y tranquilas.[4]

[4]Op. cit. pp. 157-158.

3

Autoaceptación: la verdad y sus falsificaciones

Antes de comenzar a leer estas reflexiones, dedica un minuto a responder con gran sinceridad estas dos preguntas; parecen sencillas, pero son muy hondas y tal vez dolorosas:

1. ¿Sientes aprecio verdadero por ti mismo? ¿O más bien tiendes a menospreciarte a ti mismo? ¿Cuáles son los aspectos que aprecias o desprecias de tu persona? ¿Tu cuerpo? ¿Tu inteligencia o personalidad? ¿Tu familia o trabajo?

2. ¿Te quieres a ti mismo? ¿En qué fundamentas tu respuesta afirmativa o negativa? Y ¿cómo se manifiesta ese amor o la falta del mismo? ¿O es que ...tal vez te aborreces a ti mismo o al menos rechazas determinados aspectos de tu persona...? ¿Cuáles?

Aceptarse a sí mismo

El fundamento para un saludable amor de sí mismo es saber aceptarse; y para aceptarse hay que tener una autoestima positiva; esta autoestima positiva se basa a su vez en una *autoimagen elevada.* Este orden lógico es indiscutible.

La *autoaceptación* se fundamenta, pues, en una *percepción objetiva del yo-real,* esto es en la imagen que uno se forma de sí mismo, sin negaciones ni represiones que desconozcan o rechacen determinados elementos.

La autoaceptación es una actitud positiva hacia uno mismo, fundada no sólo en la dignidad común a toda persona humana, sino concretamente en la individualidad única, tal como es en realidad: dotada de múltiples cualidades que la hacen merecedora de respeto, aprecio y satisfacción, pero sin negar ni rechazar las propias limitaciones, deficiencias y elementos negativos.

¿En qué consiste la autoaceptación?

* Es la *toma de conciencia y la admisión de todos los elementos* que uno posee: cuerpo, salud, voz, gestos, sentimientos, imágenes, pensamientos, fantasías, triunfos y fracasos.

* Es una actitud de *sinceridad* para consigo mismo y para con los demás.

* Es el fundamento de la *autenticidad.*

* *Es la aceptación de su propia identidad:* ser lo que uno es, sin pretender aparentar lo que no es; sin disfraces para presentar ante los demás una imagen distorsionada de sí mismo mediante el uso de «máscaras» o de un falso *yo-social.*

* Aceptarse es reconocer los múltiples *dones recibidos y las posibilidades casi ilimitadas* de crecimiento que la naturaleza

ha puesto a nuestra disposición y a las cuales también han contribuido tantas personas que uno ha encontrado en su camino y que en último término tienen como autor dadivoso a Dios.

* La aceptación es prerrequisito indispensable para poder *cambiar.*

* Es el fundamento para poder aceptar a los demás: *Cuanto menos duramente nos juzguemos a nosotros mismos, más aceptación tendremos hacia los demás. Así como el disgusto consigo mismo es contagioso, también lo es el entusiasmo.*[5]

Negación y rechazo

Los psicólogos que tratan sobre el control emocional han insistido en el dicho: *Lo que se resiste, persiste.* Los sentimientos que no se aceptan tienden a reprimirse y perpetuarse. Los que se reconocen y aceptan se pueden controlar con más facilidad de manera consciente y racional.

Entonces la *autoaceptación* es diametralmente opuesta al mecanismo de la *negación y a las actitudes de rechazo.*

* Aceptarse a sí mismo es *lo contrario de quejarse y lamentarse,* de bregar por ser o aparentar la persona que no es.

* Es preciso superar la tentación de ocultarse a sí mismo aspectos de personalidad que le parecen indeseables como ciertos impulsos, deseos y afectos por los cuales el sujeto se siente avergonzado; reconocer y aceptar partes o aspectos

---

[5] BLOOMFIELD, H.H., *Making Peace With Yourself,* Ballantine Books, Nueva York, 1986.

de la persona que uno ha resentido, tal vez, durante toda la vida.

* Tiene uno que *perdonarse los errores y faltas* del pasado y superar la preocupación angustiosa por lo que pueda sucederle en el futuro. Cesar de vivir esclavizado a la moda y a la opinión ajena. Perdonar a sus padres por las características genéticas limitantes que le trasmitieron y por sus errores involuntarios o aun voluntarios y malintencionados, cometidos a lo largo del complejo proceso de la crianza y educación. Perdonar a los educadores, hermanos, compañeros, amigos y enemigos que han jugado un papel negativo en muchos de nuestros *condicionamientos.*

Hay individuos que tienden a ignorar algunos aspectos desagradables creando así una especie de *«cárcel emocional»* (Virginia Satir). Muchas son las personas que rechazan su grado de inteligencia, su agresividad, su sexualidad, algunas partes de su cuerpo que no les agradan.

Cuando nos vemos y aceptamos tal como somos, estamos dando el primer paso firme hacia nuestra madurez emocional. Aceptarnos significa tener el valor de ver nuestro verdadero yo tal como es. Muchas personas viven ocultándose o negándose sus propios odios, cobardías, antipatías, secretos deseos sexuales, celos, envidias... Esta negación es una barrera para el progreso. *Lo que uno resiste, persiste,* dice el médico y popular escritor Dr. Harold H. Bloomfield. Y por el contrario, el primer paso para luchar contra un defecto o emoción negativa es reconocerlo en uno mismo. Como escribe James C. Coleman.[6] *Las emociones que se reconocen permanecen potencialmente bajo nuestro control.*

---

[6]COLEMAN, J., *Personality Dynamics and Effective Behavior,* Scott, Foresman & Co., Chicago, 1960.

Por ejemplo, tengo que aceptar que siento miedo de hablar en público, como punto de arranque para tratar de vencer esa timidez. Necesito confesar francamente y aceptar la realidad de que: *estoy sintiendo miedo; acepto mi miedo como un hecho natural y humano; pero quiero ser el dueño de mi miedo y voy a dominarlo.* Algo parecido se aplicaría al control maduro de la propia sexualidad o de la agresividad:

> No puedo vencer un miedo cuya realidad niego. No puedo corregir un problema sexual cuya existencia no quiero admitir. No puedo aliviar un dolor que no reconozco como mío. No puedo perdonarme a mí mismo por una acción que no acepto haber hecho... Los errores que estamos dispuestos a confrontar se convierten en los peldaños de una escalera que conduce a una autoestima más elevada.[7]

Falsa humildad y complejo de inferioridad

En sana psicología, el odio y desprecio de sí mismo no es sano. Por el contrario, puede ser un elemento patógeno de alta peligrosidad, atormentador como un verdugo cruel y profundamente nocivo. Los psiquiatras y los psicólogos proclaman unánimemente que la autoestima y el verdadero amor a sí mismo son la base indispensable para la salud mental. Por esta razón, casi todo tratamiento psicoterapéutico tiene que comenzar por reforzar la autoestima del cliente, la confianza en sí mismo y las actitudes de *autoaceptación*.

Es muy importante no confundir la *humildad cristiana* con un morboso *complejo de inferioridad.* Jesucristo nos mandó amar al

---

[7]BRANDEN, NATHANIEL, *How to Raise your Self-Esteem.* Bantham Books, Nueva York, 1988.

prójimo como a sí mismo. Hay personas que se desprecian y rechazan a sí mismas, debido probablemente a una falsa formación en esta preciosa y fundamental virtud de *la humildad.*

Una mujer tan inteligente y sensata como Teresa de Jesús reconoce en esta actitud de transparente sinceridad y de *auténtica autoaceptación,* una verdadera virtud: *la humildad es la verdad.*

Si somos sinceros y nos amamos ordenadamente, nuestras mismas miserias pueden convertirse en las piedras sólidas que formen los cimientos inconmovibles de una verdadera humildad. Pero la persona en verdad humilde reconoce también sus cualidades y realizaciones; en vez de engreírse orgullosamente con vana complacencia y despreciar a los demás, reconoce con inmensa gratitud que todo lo que tiene es un don de Dios y que *todo don perfecto viene de lo alto* (Sant. 1,17). Sus cualidades son tesoros reales y que no se deben desconocer so pretexto de una falsa modestia. No deben utilizarse como un incensario para engreírse y anteponerse a los demás, sino como un capital que se reconoce prestado por el Creador para ponerlo al servicio del prójimo; son talentos confiados por el Dueño del universo; no se deben esconder bajo tierra, sino hacerlos rendir pues el Señor de la casa vendrá un día a pedir cuenta de la administración.

Sentimientos de culpa

Una actitud sana de *autoaceptación* excluye también los *sentimientos morbosos de culpabilidad.* Todos cometemos faltas, tal vez mayores de las que nos atrevemos a admitir. Hábitos secretos que horrorizarían a nuestros mejores amigos. Poderosos impulsos y deseos sexuales que amenazan dominarnos; mentiras y engaños; egoísmo y falta de generosidad, injusticia, celos y envidias... A veces uno mismo se desconoce y se pregunta avergonzado *¿Cómo pude yo comportarme así con esa persona tan buena? ¿Cómo pude obrar de ese modo tan injusto?*

Un *arrepentimiento verdadero y saludable* es el que nos hace reconocer nuestra falta, reparar el daño causado y recomenzar la lucha por la propia conversión y por la superación de nuestras faltas. Nos pone en paz con el prójimo, con nuestra propia conciencia y, más importante que todo, con Dios. Sus efectos son muy positivos, aunque muchos psicoanalistas y algunos psicólogos y psiquiatras encuentren dificultad para admitir que tales sentimientos no sólo son «normales», sino sumamente saludables. La *autoaceptación* nos vacuna contra la culpabilidad morbosa y nos dispone a un arrepentimiento auténtico y a un cambio provechoso.

Los sentimientos de culpabilidad morbosa son desproporcionados a la gravedad de la falta (real o a veces puramente imaginaria); se convierten en crónicos; causan desaliento, producen autorrechazo y aun odio de sí mismo; atormentan estérilmente a la persona; no impulsan a reparar los perjuicios causados ni a cambiar los comportamientos.

No hay peor verdugo que la propia conciencia y la autocrítica que brota de una culpabilidad enfermiza. Muchas personas son peores críticos consigo mismas de lo que lo fueron sus padres, sus educadores, sus amigos y aun sus peores enemigos. Con mucho acierto anota Bloomfield en su libro titulado *Cómo hacer las paces consigo mismo*[8]: «Si nos encontramos ya plagados por la autocrítica, la crítica ajena nos causará profunda turbación».

[8]BLOOMFIELD HH., *Making Peace with Yourself.* Nueva York: Ballantine Books, 1986.

La clave para manejar acertadamente los sentimientos de culpa consiste en restaurar primero la *confianza en sí mismo, la autoestima, la autoaceptación.* Si nos aceptamos, nos comprenderemos mejor.

Si Dios nos ha perdonado tantas veces y está siempre dispuesto a hacerlo, ¿por qué no vamos a poder perdonarnos a nosotros mismos? *Si aprendemos a comprendernos y perdonarnos a nosotros mismos, nuestro comportamiento tiende a mejorar* – escribe Nathaniel Branden[9], especialista en la psicología de la autoestima.

Pereza, cobardía, pasividad y conformismo

Se habrá visto cuán importante es la aceptación de sí mismo. Pero mucho cuidado en confundir la *autoaceptación* con *la pereza, la cobardía, la pasividad y el conformismo.* El individuo que se deja atrapar por estas insidiosas *racionalizaciones* es el que no quiere cambiar, ni progresar; ha hecho un pacto con sus defectos y no encuentra energías para salir de su inmovilismo psicológico. *Aceptarse tal como uno es* significa para él vegetar en una comodona mediocridad... Carece de ideales elevados, de motivación, o de la energía necesaria para tender seriamente hacia las metas. Su disculpa favorita, cuando se le hace notar cualquier deficiencia como su inestabilidad emocional, su pereza, su inconstancia, su ineficiencia en el trabajo, su mal genio, etc. es la triste y conocida frase *¿Qué le vamos a hacer...? ¡Es que yo soy así...!* ¡Como si con esa disculpa pudiera justificar ante los demás o ante su propia conciencia, su pereza, su cobardía y su

---

[9]BRANDEN, N. *Cómo Mejorar su Autoestima.* Buenos Aires: Paidós, 1987.

conformismo...! Con razón dice la Biblia que *el perezoso quiere y no quiere* al mismo tiempo (Prov. 13, 4).

Autosuficencia y complejo de superioridad

Tampoco debemos pasar por alto otro peligro de muy diferente cariz. Por una paradoja, una *autoestima* exagerada y la *autoaceptación* consiguiente pueden degenerar en vana autocomplacencia y manifestarse como *complejo de superioridad.* Nos hallamos ante una actitud orgullosa de *autosuficiencia.*

El individuo orgulloso se cree perfecto o al menos superior a los demás: al mirarse en el espejo, se figura que su cuerpo es el de un Adonis o de una Venus; posee la inteligencia de un Einstein; sus opiniones son indiscutibles dogmas de fe; está relacionado con la gente más importante y más rica; es irresistible para las personas del sexo opuesto...; es tan perfecto que no reconoce en sí ninguna limitación ni error, ni mucho menos faltas o defectos. Por todo ello y por muchas otras razones, tiene derecho a exigirlo todo para sí mismo, a anteponerse a todos y a despreciar a los demás... ¡Ojalá que nadie se atreva a criticarlo, porque su «ira santa» se desbordará como un torrente embravecido para desbaratar a ese atrevido...!

Tal *autoimagen* engreída e *inflada* sí está muy lejos de la auténtica *autoaceptación* y por consiguiente de una verdadera *humildad.* Aquí sí se trata de verdadero orgullo (contrario a la humildad cristiana). O nos encontramos quizás ante un megalómano o un paranoico con delirios de grandeza.

Su autosuficiencia produce profundo y fundado rechazo. La autocomplacencia impide cualquier cambio. Estanca cualquier progreso. Bloquea y aniquila toda tendencia hacia la verdadera superación y madurez personal.

4
¿Vives contento contigo mismo?

¿Sabes aceptarte íntegramente? Es muy amplio el terreno en que se aplican estos principios acerca de la *autoaceptación*:

- ***Reconciliarse con el propio pasado.***

Aprender, ante todo a aceptarlo como una realidad que ya no se puede cambiar:

- *Mi herencia,* buena o mala, quedó fijada en el momento de mi concepción; tuve como padres a determinado hombre y a cierta mujer, cada uno de ellos con sus cualidades y defectos, sus aciertos y sus errores; es un hecho que no puedo cambiar.

- *El lugar donde nací,* la lengua que aprendí, la cultura que bebí con la leche materna, los hermanos y familiares que tuve, mis maestros, mis oportunidades o falta de las mismas, mis éxitos y mis fracasos, mis traumas y conflictos psicológicos, mis virtudes y mis vicios... todos estos factores son *condicionamientos* que debo aceptar.

No se trata de entregarme como esclavo a estos *condicionamientos* con las manos atadas y anegado por sentimientos de amargura e impotencia, sino de aceptar la realidad para emprender resueltamente un ascenso en el camino de mi mejoramiento, de mi crecimiento, de mi autorrealización. De nada sirve *llorar sobre la leche derramada.* Vuelvo a llenar el vaso y voy a disfrutarlo de ahora en adelante, sacando a flote lo mejor de mí mismo.

- ***Aceptar la propia corporeidad.*** No soy un ángel; soy un ser humano con necesidades fisiológicas, con pasiones y sentimientos humanos. Tengo un cuerpo. Quizás no soy un Charles Atlas por mi fortaleza física, ni igualo a Miss Universo en belleza, ni a Pavarotti por mi voz. Pero tengo un esquema corporal positivo y estoy satisfecho con las maravillas de mi organismo, mi edad, el estado de mi salud.

- ***Apariencia física.*** Aun personas muy agraciadas pueden sentirse inseguras acerca de su *apariencia física.* Cada persona posee una especie de espejo distorsionador en donde se ve demasiado pequeño o demasiado grande, muy gordo o muy flaco. Sólo rompiendo ese espejo recobraremos la posibilidad de disfrutar de la vida.

- ***Aceptar el grado de inteligencia*** que nos haya tocado en suerte. Igualmente el grado de memoria, imaginación, creatividad... y tantas cualidades más. Lo importante es aprovechar las potencialidades íntegramente, cultivándolas mediante el estudio, la reflexión, el trabajo esforzado y perseverante.

- ***Aceptar nuestra propia afectividad.*** Ordinariamente es más fácil reconocer y aceptar que uno experimenta *emociones positivas* como la alegría, la bondad, la compasión, la generosidad, el altruismo, la compasión, la ternura... No tan fácil y, a veces, resulta muy arduo reconocer y aceptar algunas *emociones negativas*: *«estoy envidioso; siento celos y envidia; me siento acobardado y muerto de miedo; me siento sexualmente atraído y tal vez enamorado de la esposa de mi mejor amigo; me provocaría robarme ese dinero, pues nadie lo va a notar...»*

Aquí puede ser muy tranquilizante y viene como anillo al dedo el famoso dicho de Terencio: *«Soy simplemente un ser humano. Nada que sea humano lo juzgo ajeno a mí mismo»*. Para darte más tranquilidad, recuerda que también los autores espirituales han enseñado por tradición que *sentir no es consentir*. Y más arriba quedó claro que la aceptación no significa pereza, ni pasividad, ni fatalismo entreguista a los impulsos o tendencias torcidas.

- ***Autoaceptación de nuestras limitaciones***, deficiencias, fracasos, pecados: encontramos un vasto campo de aplicación para una sana autoaceptación.

- ***Aceptar las propias cualidades positivas:*** aunque parezca extraño, hay individuos que encuentran difícil aceptar sus *cualidades positivas* como la belleza, la inteligencia, la simpatía, la bondad, las dotes artísticas, ciertas habilidades que otros no poseen en el mismo grado. Llegan hasta sentirse culpables por ser bonitas, por tener éxito en la vida, por obtener una distinción o un cargo... No sobra repetir aquí que *la humildad es la verdad* y, por consiguiente, no hay que avergonzarse de aceptar con satisfacción las buenas cualidades, virtudes, méritos, realizaciones.

5

Tres herramientas para aceptarme mejor

Decídete a cultivar una *autoimagen positiva;* será la base para una alta y sana *autoestima*; así acrecentarás tu *seguridad personal* y con todos los elementos anteriores estás en el camino de la verdadera *autoaceptación.*

Para complementar estas ideas te ofrezco *tres herramientas útiles:*

1. «Declaración de autoestima» de la psicóloga Virginia Satir[10]

Inspirado en esta famosa psicóloga, tú también puedes elaborar tu propia *declaración de autoestima,* sin envanecerte ni llenarte de orgullo, basado en aquella verdad de Perogrullo que nos recuerda San Pablo *¿qué tienes que no lo hayas recibido?* (1 Cor,4,7), pero al mismo tiempo, sin falsas humildades y con espíritu de profunda gratitud para con Dios *de quien todo don desciende* y con tantas personas que han contribuido para que tú seas lo que actualmente eres, comenzando por tus padres y educadores...

[10]SATIR VIRGINIA, *Nuevas relaciones humanas en el núcleo familiar,* Editorial Pax, México, 1991, pp. 42-43.

Mi declaración de autoestima

«Yo soy yo.

En todo el mundo, no hay otro que sea igual a mí. Hay personas que tienen algunas partes semejantes a las mías, pero nadie es exactamente como yo. Por tanto, todo lo que provenga de mí es auténticamente mío, porque yo así lo he decidido.

Soy dueño de todo lo que hay en mí: mi cuerpo, incluyendo todo lo que hace; mi mente, incluyendo todos sus pensamientos e ideas; mis ojos, incluyendo las imágenes que contemplan; mis sentimientos, cualesquiera que sean: ira, alegría, frustración, amor, desencanto, emoción; mi boca, y todas las palabras que salgan de ella: amables, dulces o ásperas, correctas o incorrectas; mi voz, fuerte o suave; y todos mis actos, ya sean dirigidos a otros o a mí mismo.

Soy dueño de mis fantasías, mis sueños, esperanzas y temores.

Soy dueño de todos mis triunfos y éxitos, de todos mis fracasos y errores.

Como soy dueño de todo lo que hay en mí, puedo conocerme íntimamente. Al hacerlo, puedo amar y ser amistoso conmigo en todas mis partes. Así, puedo hacer posible que todo mi ser trabaje en beneficio de mis intereses.

Reconozco que hay aspectos en mí que me intrigan, y que hay otros aspectos que desconozco. Pero mientras sea amistoso y amoroso conmigo, puedo buscar con valor y esperanza las soluciones a estas interrogantes y los medios para descubrir más sobre mí.

Como quiera que parezca y suene, cualquier cosa que diga y haga, y cualquier cosa que piense y sienta en un momento determinado, seré yo. Esto es auténtico y representa lo que soy en ese momento.

Cuando más tarde analice cómo parecía o sonaba, lo que dije e hice, y cómo pensé y sentí, algunas partes podrían parecer inadecuadas. Puedo desechar aquello que no sea adecuado, y conservar lo que sí lo sea, e inventar algo nuevo para lo que haya descartado.

Puedo ver, escuchar, sentir, pensar, decir y hacer. Tengo los medios para sobrevivir, para estar unido a los demás, para ser productivo y encontrar sentido y orden en el mundo de las personas y cosas que están fuera de mí.

Me pertenezco y, por tanto, puedo construirme.

Yo soy yo y estoy bien.»

(Virginia Satir)

2. Ejercicio de «diálogo interior»

Sigue estas sencillas *instrucciones*. Después de relajarte físicamente mediante tu método favorito de relajación, lee muy despacio, cada una de las frases siguientes. Repítelas unas dos o tres veces mentalmente o en voz alta. Ojalá las adaptes a tu situación personal y a tus necesidades concretas. Procura interiorizarlas y asimilarlas vivencialmente. Te servirán:

- *Yo soy el que soy; no soy otro.*

- *Soy como soy; no como quisiera ser o aparentar, ni como otros quisieran que yo fuera.*

- *No envidio a nadie, porque estoy contento conmigo mismo y me siento satisfecho conmigo mismo y con la clase de persona que yo soy.*

- *No soy perfecto, pero me agradan mis cualidades, que son preciosas y muchas.*

- *Como ser humano, no soy superior a los demás, pero tampoco me considero inferior a nadie.*

- *Tengo muchos defectos; he cometido errores; estoy manchado por muchas faltas; no las niego ni me avergüenzo de ellas, pero tampoco me rechazo ni me odio a mí mismo.*

- *Soy capaz de cambiar; puedo progresar, puedo crecer apoyado sobre el piso firme de mis potencialidades y aun de mis propias deficiencias. Tengo casi ilimitadas capacidades de crecimiento y estoy resuelto a ponerlas al servicio de los demás, a servir a mi Creador y a conquistar así mi autorrealización.*

3. Cuestionario para apreciar tu propio grado de autoaceptación[11]

¿Cómo te encuentras en autoaceptación? Una primera manera de evaluarte consiste en hacer una lista de todos tus aspectos positivos; si puedes escribir unas 200-300 cualidades, tienes muy buen grado de autoaceptación.

Un segundo método sería examinar cómo usas tus habilidades cuando te encuentras ante un problema o en situaciones estresantes.

Un tercer método es responder con mucha sinceridad «Sí» o «No» a cada una de las preguntas del siguiente cuestionario.

Cuestionario

___ **1.** Creo firmemente en ciertos principios y valores. Estoy dispuesto a defenderlos aun frente a un grupo de fuerte oposición. En lo personal me siento suficientemente seguro para modificar algunos de ellos, si nuevas experiencias o razones llegasen a sugerirme que estoy equivocado.

___ **2.** Soy capaz de obrar de acuerdo con el mejor juicio que logro formarme. Así procedo sin excesivos sentimientos de culpabilidad y sin arrepentimiento por mis acciones, aun cuando otras personas no aprueben mis comportamientos.

---

[11]Este cuestionario es una ampliación de las dos preguntas que respondiste al leer la página 114. No se trata de un test que arroje un puntaje estandarizado. Lo importante es que aproveches la oportunidad de reflexionar sobre tu grado de autoaceptación; no necesitas compararte con otras personas.

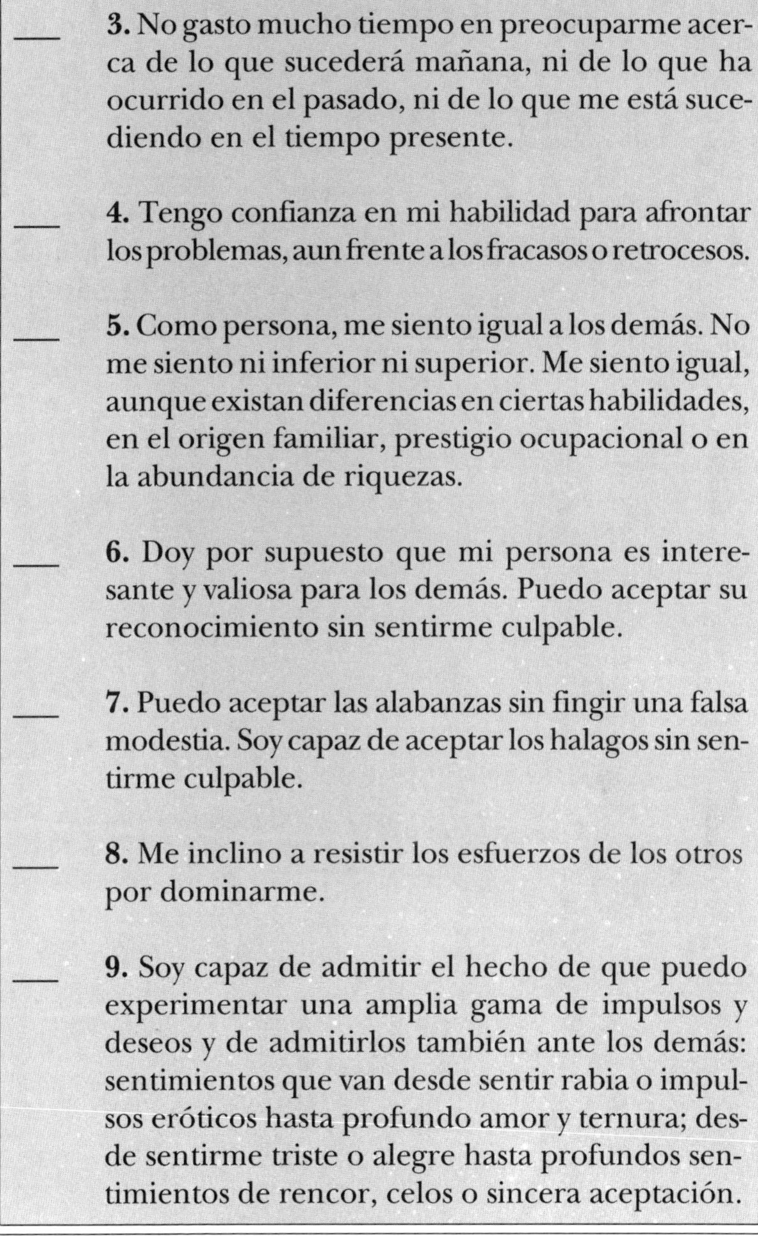

___ **3.** No gasto mucho tiempo en preocuparme acerca de lo que sucederá mañana, ni de lo que ha ocurrido en el pasado, ni de lo que me está sucediendo en el tiempo presente.

___ **4.** Tengo confianza en mi habilidad para afrontar los problemas, aun frente a los fracasos o retrocesos.

___ **5.** Como persona, me siento igual a los demás. No me siento ni inferior ni superior. Me siento igual, aunque existan diferencias en ciertas habilidades, en el origen familiar, prestigio ocupacional o en la abundancia de riquezas.

___ **6.** Doy por supuesto que mi persona es interesante y valiosa para los demás. Puedo aceptar su reconocimiento sin sentirme culpable.

___ **7.** Puedo aceptar las alabanzas sin fingir una falsa modestia. Soy capaz de aceptar los halagos sin sentirme culpable.

___ **8.** Me inclino a resistir los esfuerzos de los otros por dominarme.

___ **9.** Soy capaz de admitir el hecho de que puedo experimentar una amplia gama de impulsos y deseos y de admitirlos también ante los demás: sentimientos que van desde sentir rabia o impulsos eróticos hasta profundo amor y ternura; desde sentirme triste o alegre hasta profundos sentimientos de rencor, celos o sincera aceptación.

___ **10.** Soy capaz de disfrutar de una amplia gama de actividades, que incluyen el trabajo, el descanso y el juego, una buena comida, el trato social, la amistad, la expresión creadora, etc.

___ **11.** Soy sensible a las necesidades ajenas, acepto las costumbres sociales y particularmente la idea de que no puedo gozar a costa de los demás[12].

[12] JOHNSON, D., *Reaching Out*, Allyn and Bacon, Boston, 1993, (5a. ed.).

V
¿Quieres ser una persona auténtica y sin caretas?

1

La princesa y la máscara

Una princesa inteligente y hermosa, hija única del Emperador de China, vivía en el palacio real rodeada de una corte espléndida. Cuando quiso casarse, de acuerdo con su padre, decidió escoger marido entre todos los súbditos del imperio. Quería el hombre más hermoso, más valiente y más extraordinario de todo el imperio. Se enviaron mensajeros a todos los rincones del país. Los jóvenes que creyeran reunir las cualidades requeridas podían presentarse en palacio el día señalado.

En una lejana provincia del imperio, vivía un hombre tan inteligente como astuto. No era hermoso. Por el contrario, sus rasgos duros y repulsivos revelaban claramente que era cruel y malvado. Era, en efecto un ladrón y un asesino. Pero se le ocurrió una idea feliz para poder participar en la selección. Encargó al mejor fabricante de máscaras de China una que expresara la máxima belleza y simulara a la perfección la honradez y la bondad. En aquellos tiempos el arte de hacer máscaras estaba en su apogeo y el ladrón mismo quedó asombrado del resultado. En vez del rostro cruel y duro del asesino, sus rasgos eran, gracias a la máscara, los de un hombre a la vez dulce y noble. Expresaban poder y dignidad, fortaleza y honradez, amor y servicio.

No le resultó difícil quedar seleccionado. Al verlo, la princesa quedó impresionada. Sin dudarlo, lo escogió. Pero delicada como era, no quería obligar a nadie a ser su esposo a la fuerza. Lo llamó aparte para hablar con él a solas. Nuestro bandido enmascarado se encontró frente a un dilema. Decir «*no*» a la princesa era denunciarse a sí mismo y ser ejecutado. Si se casaba, sucedería lo mismo. ¿Qué hacer? Maldijo el día en que se le ocurrió la desdichada idea de la máscara. Pero otra idea luminosa le vino a la mente: pedir a la princesa un año para reflexionar. A la princesa esto le agradó sobremanera. ¡Demostraba prudencia y responsabilidad aquel hombre!

¡Qué situación la del bandido! No podía escapar. Conocido en todas partes como el hombre más hermoso del imperio y futuro Emperador, le tocó representar el papel de su personaje. Debía cuidar cada palabra que pronunciara, mostrarse lleno de alegría, elegancia y delicadeza, ser valiente y generoso. Aprendió la bondad y la generosidad que todos leían en su rostro. Comenzó a ser compasivo y bondadoso, consolaba a los tristes... Pero veía bien claramente la diferencia entre su máscara y su corazón; entre su yo real y la imagen fingida con que se presentaba ante los demás. Imposible olvidar quién era. ¡Cuánta lucha y tensión, pues había que ser prudente! ¡Cuánta energía tenía que desplegar para desempeñar su papel de impostor! Su corazón se consumía de resentimiento contra la gente que le obligaba a mostrarse bueno, y de rabia contra sí mismo por ser un mentiroso. Cuando la gente le agradecía su proceder o recibía alabanzas, se sentía incómodo pues no se le ocultaban sus íntimos sentimientos y la comedia que estaba representando. Se horrorizaba de lo fácil que resulta engañar a la gente.

El peor momento fue el de volver a ver a la princesa. Arrepentido, decidió decirle toda la verdad y aceptar las consecuencias: las que fuesen. Avergonzado saludó a la princesa. Se echó por tierra y lloró contándole su engaño: *Soy un bandido y un asesino. Me hice esta máscara, tan sólo para contemplar el interior de este palacio y para ver a la princesa, famosa por su belleza entre todas las mujeres del Imperio. ¡Cuánto siento haber demorado sus planes todo un año. Castígueme como lo merezco!.*

Al oír esto, la princesa se enfadó mucho; pero luego sintió picada su curiosidad: ¿qué tipo de hombre se ocultaba bajo aquella máscara? Le dijo entonces: *Me engañaste y mereces la pena de muerte. Pero vas a obedecer mis órdenes y luego te dejaré libre. ¡Quítate la máscara; déjame ver tu verdadero rostro, y luego, desaparece para siempre de mi vista...!*

Temblando de miedo el bandido se quitó la máscara. Al verlo la princesa se enfureció todavía más: *¿Por qué me has engañado otra vez? ¿Por qué llevas una máscara que reproduce exactamente tu verdadero rostro?* El impostor confuso negaba con la cabeza. La princesa le alcanzó un espejo. ¡Era cierto! Su rostro se había identificado con su máscara.

Un año entero de lucha y sufrimiento por ser como el personaje que representaba su máscara, había transfigurado su rostro y su corazón. *¡Había llegado a convertirse en la persona ideal que intentaba ser...!*

¡Y vivieron muy felices...!

2

Las *máscaras* y la autenticidad

Una *máscara* es una figura que se coloca sobre el rostro para «disfrazarse». «Quitarse la máscara» significa dejar de disimular y engañar. Generalmente este vocablo tiene la connotación negativa de insinceridad, fingimiento, hipocresía. El bandido se mandó hacer una máscara que representara no sólo la máxima belleza física, sino que reflejara bondad, rectitud, generosidad de corazón. Quería engañar a la princesa y ¡lo logró!

Autenticidad, por el contrario, es la cualidad de la persona que obra espontánea e independientemente; la que se muestra tal como es sin recurrir a disimulos, engaños ni apariencias vacías.

No existen dos individuos iguales. Cada uno de nosotros es único e irrepetible. Cada persona es un compuesto de cuerpo y alma, de cualidades y defectos; razona, siente, recuerda, imagina, percibe el mundo, se relaciona con otros individuos, nace, crece, se reproduce, muere... Eso es lo que constituye nuestro *Yo-real.*

Con base en esa realidad y por influjo de la imagen que las personas significativas le reflejan al niño desde el momento de su nacimiento y de infinidad de experiencias de éxito o de fracasos que la vida le depara, y recurriendo a comparaciones con otras personas, el individuo va formando su propia *autoimagen.* Es lo que cada uno piensa acerca de sí mismo y responde a la pregunta *¿Quién soy yo?*

Naturalmente, la *autoimagen* es la base de la estimación alta o baja, de una apreciación evaluativa del sujeto sobre sí mismo, a la cual llamamos *autoestima* positiva o negativa, alta o baja.

Además, a lo largo de la vida y con el influjo de la sociedad, cada persona va configurando un *Yo-ideal,* o sea el tipo y las características de personalidad que le gustaría poseer.

Y, finalmente, tenemos el *Yo-social* o Yo-público; éste representa la imagen que cada uno de nosotros trata de presentar ante los demás.

Así, pues, en términos psicológicos, una persona *auténtica* es aquella en la cual el *Yo-social* (o sea la imagen que presenta ante los demás) corresponde a su *autoimagen* (la imagen que el individuo se ha formado de sí mismo); y esta *autoimagen* se aproxima al *Yo-real,* esto es a la persona tal como es en la realidad. A mayor convergencia de estos aspectos del yo, mayor integración de la personalidad, o sea mayor *autenticidad.*

La disonancia cognoscitiva

Jung habla de la *persona* o de la *máscara,* diferente y variable, aun en el mismo individuo según las personas con quienes trata o las situaciones en que se encuentra. En la terminología de Jung, la máscara no tiene una connotación necesariamente negativa. Puede ser sólo el resultado de un esfuerzo adecuado de adaptación a las diversas circunstancias y personas; puedo mostrar facetas diversas de mi verdadera personalidad, sin que ello signifique fingimiento, hipocresía o *inautenticidad.*

Pero es importante tomar conciencia del hecho de que no siempre nos portamos con absoluta espontaneidad. La mayor parte de la gente sólo ve una imagen retocada de nuestros comportamientos, calculados de manera más o menos consciente, para proyectar una buena imagen. Goffman ha llamado a este fenómeno *la administración de la autoimagen,* como se habla de una buena «administración de empresas».

Cuando una persona trata de proyectar ante los demás una imagen diferente de lo que piensa sobre sí misma, nos encontramos ante un caso de *disonancia cognoscitiva,* fenómeno genialmente descrito e investigado por el psicólogo norteamericano León Festinger.[1] La disonancia consiste en el desacuerdo, la falta de armonía entre varias informaciones, o entre los principios y los comportamientos, o entre algunos valores. En el caso presente la *disonancia cognoscitiva* se produce entre la *autoimagen* y el *Yo-social.* Tal desarmonía produce una penosa *tensión psicológica,* o *angustia,* la cual motiva al individuo a cambiar uno o más elementos discordantes hasta lograr la *consonancia cognoscitiva.* Sólo así se calmará la angustia y se recobrará la paz.

Pero hay varias maneras de restablecer el equilibrio perdido. Como los platillos de una balanza se pueden equilibrar

---

[1]Véase página 110.

haciendo subir el que está más abajo hasta alcanzar el mismo nivel superior, o bajando el que está más arriba para nivelar ambos por lo bajo, o buscando un punto medio en que los dos coincidan.

Un ejemplo de la vida real

Veámoslo en un ejemplo tomado de la vida real y quizás demasiado frecuente. Angélica es una joven universitaria de 19 años. Es muy linda y simpática, pero sobre todo sinceramente religiosa y de rectos principios morales recibidos en un hogar ejemplar y en el colegio de religiosas en el cual estudió durante once años. Angélica se enamoró hace dos años de un muchacho compañero de universidad, también muy buen mozo y rico, pero bastante «liberado» en asuntos sexuales, poco creyente y nada practicante en el campo religioso.

No vamos a narrar todos los detalles de este romance; no tenemos espacio, ni conviene quitarle el tema a los guionistas de las telenovelas. El hecho es que ha pasado un año y medio de noviazgo y, ante las insinuaciones y propuestas insistentes del muchacho, Angélica ya no es tan «angelical»; hace seis meses que hacen el amor con frecuencia y a escondidas en un apartamento del novio. Angélica disfruta de la relación, pero en el fondo de su corazón se siente profundamente desdichada; su conciencia le reprocha su condescendencia y una punzante y permanente angustia no le deja un momento de paz verdadera. Si contara lo que le pasa al Dr. Festinger, el ilustre psicólogo señalaría un caso típico de *disonancia cognoscitiva* entre los principios éticos y los comportamientos de Angélica. Siguiendo la teoría de Festinger, esa angustiosa tensión motivará a Angélica a restablecer la consonancia. Y esto lo puede lograr de tres maneras distintas:

1a. Angélica reconoce su debilidad; se arrepiente con sinceridad de su conducta; da un rumbo nuevo a su noviazgo o, si es preciso, lo da por terminado. ¿Resultados? Experimenta la paz consigo misma y con Dios; ha logrado la reconciliación entre sus principios éticos y religiosos y su conducta. Ha elevado sus comportamientos al nivel de sus principios. Ha encontrado una solución que la hace crecer espiritual, moral y psicológicamente...

2a. Pero hay muchas Angélicas que en vez de elevar los comportamientos, rebajan los principios, recurriendo con mucha frecuencia a múltiples *racionalizaciones* u otros *mecanismos de defensa: Mis papás son unos viejos anticuados que no comprenden a los jóvenes de hoy... Todo el mundo hace lo mismo... La vida es corta y hay que gozar de la juventud. Las monjas del colegio son unas mojigatas que no entienden ni pío de sexo..., etc.* Total, que los principios éticos se socavan y muchas veces, al derrumbarse arrastran en su caída las creencias y la práctica religiosa. La mayor parte de los jóvenes que se enfrían en la práctica religiosa en la universidad no lo hacen por problemas intelectuales ni por dudas o dificultades especulativas contra la fe, sino por problemas morales especialmente de índole sexual. Así se anestesia la angustia de la *disonancia cognoscitiva.* Simple y llanamente, esta solución es una derrota que impide el crecimiento y la autorrealización de la persona.

3a. Existen otras soluciones intermedias, de aguas tibias que se catalogarían como «compromisos»: *No soy partidaria de la promiscuidad sexual indiscriminada, pero no estamos haciendo nada malo porque somos novios y nos queremos de verdad. No le hacemos ningún mal a nadie. Ni yo voy a quedar embarazada, ni nos vamos a contagiar de SIDA, porque somos adultos 'responsables', bien informados y sabemos tomar nuestras precauciones, etc.*

Los compromisos pueden solucionar en algunos casos una disonancia cognoscitiva. Pero con frecuencia sólo proporcionan una solución temporal, superficial y aparente: anestesian la conciencia, pero no curan el alma; aparentemente sanada, la llaga purulenta sigue invadiendo el organismo y continúa su invasión destructora bajo la costra de una sanación falsa.

3

¿Eres una persona auténtica?

Apreciado lector: a la luz de estas sencillas y breves explicaciones de índole psicológica, te invito a reflexionar sobre *el cuento de la máscara* y a sacar tú mismo algunas moralejas.

* El *Yo-real* de nuestro personaje era el de un hombre de cara repugnante; un bandido cruel, malvado, asesino.

* No se equivocaba al considerarse a sí mismo como una persona no solamente fea, sino cruel, malvada e impostora. Su *autoimagen* era fiel reflejo de su repugnante personalidad.

* Su ingeniosa treta lo obligó a representar una arriesgada comedia para aparentar las cualidades que no poseía: belleza, alegría, elegancia y delicadeza, valor, generosidad. El bandido se mandó hacer una máscara que expresara la máxima belleza y simulara la honradez, la valentía y la bondad. Su proceder fue engañoso e inauténtico.

Nos repugna tanta hipocresía y fingimiento a nuestro alrededor. Vemos demasiadas máscaras en los gobernantes, los políticos, los negociantes, los esposos; tal vez hasta en algunos de nuestros amigos y familiares muy cercanos...Tanta inautenticidad nos disgusta.

Pero... con la mano en el pecho y sin falsa autoconmiseración, examínate a ver si tú también no empleas muchas máscaras para aparentar lo que no eres...

* Es muy valioso el cuidado de la buena fama y tenemos derecho a exigir que sea respetada. Nos es indispensable. Dice el libro de los Proverbios (22,11): *Vale más el buen nombre que mucha riqueza; la buena reputación es más estimable que el oro y la plata.*

No basta con ser bueno, sino que también hay que parecerlo. Es muy importante en la vida real proyectar una buena imagen y gozar de una buena reputación. Pero debe ser bien merecida. Más aún, es deber de todo hombre y de todo cristiano el cuidado de la propia fama. Sin ella nadie nos respetaría, ni haría un contrato con nosotros, ni nos compraría nada, ni se fiaría de nosotros. Nuestro apostolado sería estéril. El cristiano está llamado a ser «luz del mundo y sal de la tierra», como el mismo Cristo nos recomienda:

> "*Ustedes son la luz del mundo de este mundo. Una ciudad en lo alto de un cerro no puede esconderse. Ni se enciende una lámpara para ponerla bajo un cajón; antes bien, se la pone en lo alto para que alumbre a todos los que están en la casa. Del mismo modo, procuren ustedes que su luz brille delante de la gente, para que viendo el bien que ustedes hacen, todos alaben al Padre que está en el cielo*" (Mt. 5, 14-16).

* Sin embargo, es muy real el peligro de exagerar este esfuerzo por la buena *administración de la autoimagen* de que habla

Goffman, o sea por presentarse a sí mismo ante los demás de una manera particular, generalmente favorable. Si esta tendencia se exagera demasiado, corremos el peligro de vivir tan sólo de apariencias y de perder la *autenticidad* en aras del *qué dirán*. Podemos convertirnos en esclavos del respeto humano, de la moda, de la aprobación ajena, de la opinión pública y caer en una lastimosa *inautenticidad*. Las máscaras pueden llegar a crear un *Yo-social* totalmente distinto de nuestro *Yo-real* y de nuestra propia *autoimagen*, causando serios problemas a nuestro mismo *sentido de identidad* personal.

* Aun en las buenas obras se nos puede inmiscuir la polilla de la inautenticidad: rezas, practicas obras de beneficencia o caridad, asistes a la misa, das limosnas, contribuyes al «baile de caridad»; pero lo puedes hacer por aparentar y figurar, para ser apreciado, para ostentar riquezas y poder, para hacer el «show» y aparecer en los periódicos...

Puedes ser egoísta y aparentar generosidad; con la careta de la simpatía, de la belleza y de los buenos modales puedes disimular tu lujuria y seducir al marido o a la mujer del prójimo; con máscaras de celo por la justicia se pueden disfrazar los rencores, las envidias, los celos; con el rótulo electorero de *amor y sacrificio por la Patria*, muchas veces nuestros gobernantes y legisladores abusan de la confianza de sus electores y se enriquecen a costa del erario público...

* Nuestro bandido sufrió la tortura de la *disonancia cognoscitiva*. Dejó de ser *persona* y se convirtió en el *personaje* que le tocaba representar. Debía cuidar cada palabra, mostrar un disfraz de alegría, elegancia, delicadeza, valentía, bondad. Pero veía claramente la discrepancia entre su *Yo-real* y su *Yo-social;* entre su corazón y su máscara.

Si fuéramos absolutamente sinceros para con nosotros mismos, nuestra conciencia nos reprocharía muchas contradicciones entre nuestros ideales elevados y la miseria de nuestros comportamientos. ¿Qué podemos decir nosotros pecadores, si el mismo San Pablo exclamaba apesadumbrado: *No entiendo lo que me pasa, pues no hago lo que quiero, y en cambio aquello que odio es precisamente lo que hago... Yo sé que en mí, es decir en mi naturaleza de hombre pecador, no hay nada bueno; pues aunque tengo el deseo de hacer lo bueno, no soy capaz de hacerlo. No hago lo bueno que quiero hacer, sino lo malo que no quiero hacer* (Rom. 6, 15-19).

*A pesar de tus claudicaciones y cobardías, sigue cultivando *ideales* elevados y esforzándote valientemente por superarte. Nunca pactes con la mediocridad. Aspira a mejorar, para poder servir mejor a Dios y ser más útil a los hermanos. Esfuérzate por llorar tus pecados, romper los malos hábitos que te esclavizan, sea el alcohol, la soberbia, el mal genio, el sexo, el egoísmo, la pereza... Domina tus vicios. Convierte en una realidad el sueño de esa persona que tú quisieras llegar a ser. Tu *Yo-real* irá gradualmente asemejándose a tu *Yo-ideal,* o sea a la persona que tú quisieras ser y entonces quedará muy estrecho lugar para un *Yo-social* falsificado. ¡Habrás conquistado la preciosa cualidad de la *autenticidad!*

* Podemos engañar a los hombres. El bandido mismo quedó admirado de cuán fácil resultaba engañar. Pero a la propia conciencia no le podemos mentir, ni mucho menos a Dios. Él sabe lo que hay en mi corazón, en el corazón de cada hombre. *Lo que entra por la boca del hombre no es lo que le hace impuro. Al contrario, lo que hace impuro al hombre es lo que sale de su boca... Del interior del hombre salen los malos pensamientos, los asesinatos, el adulterio, la inmoralidad sexual, los robos, las mentiras y los insultos* (Mt. 15,11. 17-20).

* Tal vez la moraleja más notoria de la fábula es el énfasis en la posibilidad de cambiar y progresar. Un año entero de lucha y sufrimiento por parecerse al personaje que intentaba representar, transformaron al bandido. ¡*Había llegado a convertirse en la persona ideal que intentaba ser...!*

Entre los tres caminos para resolver la disonancia cognoscitiva el bandido que era muy inteligente supo escoger el más acertado. Arrepentido resolvió decir toda la verdad, pedir perdón, asumir las consecuencias de su engaño. Decididamente emprendió la ascensión de la sinceridad y la *autenticidad.* Así se ganó el aprecio y el amor de la princesa.

* El proceso de regeneración no fue breve ni fácil, porque ningún progreso hacia la realización humana se logra sin esfuerzo y constancia. Todo un año de esfuerzo, de lucha, de tensión, de sufrimiento, de energía. Pero el esfuerzo se vio recompensado; el ladrón «aprendió la bondad y la generosidad, la compasión, la bondad»; todo un asesino llegó hasta «consolar a los tristes». Aquí se obró una prodigiosa transformación, no sólo física sino sobre todo en cuanto a los rasgos de personalidad.

Poco a poco, paso tras paso, el *Yo-real* del bandido se fue aproximando al *Yo-ideal.* El bandido no sólo mereció el perdón, sino que se hizo acreedor al cariño de la princesa, la sucesión al trono del Imperio, en una palabra a la autorrealización y la felicidad. Fue el triunfo de lo mejor del ser humano que se encuentra, tal vez muy escondido y deformado, en lo profundo de todo ser humano, aun del asesino y facineroso.

* Nosotros, que en algunos de nuestros malos comportamientos hemos imitado al ladrón, tal vez no siempre escogemos el camino de la regeneración por la que él optó.

Optamos por la línea de menor resistencia. Disimulamos, buscamos disculpas, nos engañamos con atenuantes, acallamos la voz de la conciencia y dejamos oscurecer la luz de nuestros principios... Caemos en la trampa de los *mecanismos de defensa,* especialmente las trampas que nos tienden la *negación y* las *racionalizaciones.*

Aunque no seas tan afortunado que llegues a casarte con una princesa ni a ser Emperador de China, sí serás una *persona auténtica* y así también tú, como nuestros protagonistas, recobrarás la armonía interior y tú también *¡vivirás feliz!*

VI

Para una vida plena y feliz

1

Habitemos en el palacio de la alegría

En un libro inmensamente popular titulado *Control cerebral y emocional* escribe el P. Narciso Irala, S.J., misionero de China:

> En el palacio de la afectividad hay salones brillantes donde se aposentan el optimismo, la esperanza, el amor, el valor y la alegría: y hay sótanos oscuros donde mora el desaliento, la tristeza, el temor, la preocupación, la ira. La señora del palacio, la voluntad, tendrá que recorrer sus dependencias, pero puede morar donde quiera. No demos demasiada importancia a los temores y tristezas, cuando lleguen; no moremos en ellos habitual y voluntariamente, sino en los salones de la alegría y el optimismo.[1]

[1]IRALA, NARCISO, *Control cerebral y emocional,* El Mensajero, Bilbao, 1982 (ed. 101).

Sótanos tenebrosos y mansiones espléndidas

Todos los seres humanos poseemos la extraordinaria capacidad de experimentar sentimientos y emociones. Son ellas las que dan color y calor a la vida. Sin la afectividad, podríamos quizás ser tan eficientes como un robot, o tan inteligentes como una computadora.

Pero nuestra vida sería terriblemente descolorida y gélida; viviríamos congelados y a oscuras. Un terrible aburrimiento reemplazaría la variedad y novedad de nuestros entusiasmos, satisfacciones, júbilos, sorpresas, ternuras, afectos y amores. La fecunda y hermosa planta de la alegría habría desaparecido de este planeta, convertido en un desierto helado y árido. Una persona poco sensible no es un ser humano; puede llamarse un sicópata, un robot, una computadora o una muñeca de trapo; pero no una persona normal.

Ahora bien, así como disfrutamos de las emociones positivas, también sufrimos los golpes duros que nos propinan los verdugos, crueles e inmisericordes, de nuestras emociones negativas. ¡Cuántas vidas ensombrecidas o abiertamente arruinadas y miserables por nubarrones de tristeza, por tempestades de odios y rabias, por el veneno que destila el rencor, por la parálisis de los miedos y temores; por los aguijones de la angustia, por la carcoma debilitante del pesimismo y la aridez del aburrimiento!

La psicología enseña que ambas clases de emociones, positivas y negativas, son reacciones normales y saludables en ciertas situaciones. Sería utópico esperar solamente emociones positivas.

Pero cuando las emociones negativas predominan, son una señal de alarma para el sano ajuste de la personalidad y para la salud mental. El semáforo está en amarillo y de golpe se cambia al rojo.

Los sentimientos negativos indican que el individuo se siente amenazado de alguna manera y por eso sus comportamientos se tornan defensivos.

La persona temerosa y resentida, percibe peligros y amenazas donde no existen; vive preocupada; sufre inútilmente y sin motivo. Le es muy difícil mantener unas relaciones interpersonales satisfactorias. Está poniendo en peligro su misma salud física, por los efectos fisiológicos que las emociones negativas producen en el organismo. Le resulta casi imposible avanzar por el camino de la maduración y el crecimiento de la personalidad.

Cuando las emociones positivas predominan, nos encontramos con una señal muy clara y elocuente de salud mental. Muchos estudios clínicos y experimentales han demostrado que el amor, la simpatía, la alegría, contribuyen a la buena salud, elevan la autoestima y facilitan la autorrealización de la persona.

Afrontar las dificultades con actitud positiva

Naturalmente que las circunstancias de la vida influyen en nuestros sentimientos: situación económica, estado de salud, carácter de nuestros allegados más cercanos.

Pero hay muchas personas maduras que logran conservar una actitud positiva en circunstancias muy difíciles, mientras otras se ahogan en un vaso de agua, y se dejan envenenar por la tristeza, el resentimiento, el odio o los rencores.

Los valores y actitudes de la persona son los que principalmente determinan su orientación positiva o negativa ante la vida.

El Doctor Victor Frankl, eminente psiquiatra y filósofo existencialista, nos da un aleccionador ejemplo de lo que vale una actitud positiva en circunstancias extremas de privación y sufrimiento. El Dr. Frankl, por ser judío, fue hecho prisionero por los nazis durante la Segunda Guerra Mundial. Su esposa, sus hijos y sus padres perecieron en el holocausto de Hitler. La Gestapo lo capturó; fue despojado de todas sus ropas; los esbirros notaron que todavía le quedaba su argolla de matrimonio; se la arrancaron también. Entonces él se dijo a sí mismo: *Pueden quitarme mi esposa, arrancarme mis hijos, despojarme de mis vestidos y de mi anillo, ponerme preso... Pero hay algo que nadie me puede quitar y es mi libertad para decidir cómo quiero reaccionar ante las cosas que me suceden.* Se propuso entonces una meta muy concreta: al salir libre, escribiría una obra sobre sus propias experiencias como prisionero. Cuando brilló para él la libertad escribió su bello libro titulado: *Un psicólogo en un campo de concentración.*

La Reina del palacio es la voluntad

¿Qué lección nos da el Dr. Frankl?

Muy clara, pero muy difícil de llevar a la práctica.

La señora del palacio, la voluntad, es la que decide quedarse en los sótanos oscuros de la tristeza, o habitar en el verdadero «palacio de la alegría». Esta reina necesariamente tiene que visitar de vez en cuando los sótanos de su palacio e impartir allí las órdenes convenientes; son mazmorras oscuras y húmedas donde pululan las ratas, las cucarachas y los murciélagos; el aire es irrespirable y malsano; hace daño al cuerpo y oprime el espíritu. Es el reino tenebroso de las emociones negativas.

Aun la persona más feliz tiene sus penas y sus momentos de tristeza; sufre las punzadas de la angustia y experimenta los golpes de las injusticias, de la ingratitud, de la crítica amarga, de la incomprensión, de la soledad.

Pero la reina inteligente y sabia, la voluntad, habitará en los espléndidos salones de la alegría, de la luz, del gozo. Allí pasará la mayor parte de su tiempo. De ella depende vivir con alegría y ser feliz.

Jonathan Swift, el conocido autor de *Los Viajes de Gulliver* tenía un carácter terriblemente pesimista; se lamentaba de haber nacido; se vestía de luto y ayunaba los días de su cumpleaños. Y sin embargo recomendaba una alimentación sana, y cultivar la paz y la alegría: *los mejores médicos del mundo son el doctor Dieta, el doctor Tranquilidad y el doctor Alegría.*

Para vivir en *el palacio de la alegría,* medita en este consejo de Og Mandino:

> Alrededor de un 90% de los aspectos de nuestra vida andan bien, y alrededor de un 10% anda mal. Si queremos ser felices, todo lo que tenemos que hacer es concentrarnos en el 90% que anda bien y hacer caso omiso del 10% que anda mal. Si queremos preocuparnos, amargarnos y padecer úlceras estomacales, todo lo que tenemos que hacer es concentrarnos en el 10% que anda mal y olvidarnos del 90% que es glorioso.[2]

[2]MANDINO, OG, *La Universidad del Éxito,* Ed. Diana, México, 1986, p.34.

Los enemigos de la alegría

Líbranos, Señor, de los enemigos de nuestra alegría:
Del demonio, que explota todo lo que fomenta la turbación y la tristeza.
Del mundo, con sus principios, sus máximas, sus ilusiones.
Del amor propio, con sus susceptibilidades y sus pequeñeces.
De la carne, con sus inclinaciones bajas.
Del desorden de nuestras acciones; el apresuramiento, el celo indiscreto, el deseo de sobresalir, las disputas, las preocupaciones e ideas parásitas, la confusión y la falta de orden, la estrechez de miras, el temor, la desconfianza, la impaciencia, el tedio, los apegos desordenados y la envidia.

Foch, S.J.

Cántico de la alegría cristiana

Señor, estoy contento, porque me amas a pesar de mi indignidad.
Señor, estoy alegre, porque te amo a pesar de mis miserias.
Señor, soy feliz, porque puedo a veces hacerme amar por los demás, a pesar de mi ineptitud.
Señor, estoy contento, porque puedo sufrir por ti.
Señor, estoy alegre, porque estás presente en la eucaristía.
Señor, estoy feliz, porque eres mi huésped divino e iluminas mi vida con tu luz.
Señor, estoy contento porque eres mi fortaleza en los desfallecimientos.

Señor, soy feliz, porque eres mi luz en las oscuridades del camino.
Señor, estoy alegre, porque eres mi consuelo en las angustias.
Señor, estoy contento, porque eres mi riqueza en mi pobreza.
Señor, estoy alegre, porque me has pedido mucho, y me has dado mucho más.
Señor, soy feliz, porque eres mi Padre, mi hermano, mi amigo, mi salvador, la vida de mi vida; porque eres mi todo.
Señor, estoy contento, porque eres la belleza, la bondad, el camino, la verdad y la vida.
Señor, estoy alegre, porque eres la felicidad eterna de los seres queridos que he perdido ya.

Foch, S.J.

2

Tú puedes aprender a ser optimista

Unos perros se declaran en huelga

El Dr. Martín E. O. Seligman es un psicólogo de orientación cognitiva, conocido en todo el mundo científico por sus teorías e investigaciones acerca del *Optimismo Aprendido*[3]: «*uno de los libros más importantes de este siglo, un libro que debe ser leído absolutamente por todas las personas interesadas en comprender genuinamente a los seres humanos y de ayudarles*», comenta el Dr. Robert H. Schuller.[4] El mismo Dr. Seligman cuenta el origen de su interés por este tema tan apasionante y tan práctico.

---

[3]SELIGMAN, MARTÍN E.O., *Learned Optimism,* Pocket Books, Nueva York, 1990.

[4]El Dr. Schuller es a su vez autor del conocido libro *Tough Times Never Last, But Tough People Do (Los tiempos difíciles nunca duran, pero las personas fuertes sí).*

Corría el año de 1964. Desilusionado por la escasa eficacia del método terapéutico psicoanalítico, viajó para estudiar Psicología Experimental, como estudiante de postgrado al laboratorio del famoso investigador Richard L. Solomon en la Universidad de Pensilvania. Encontró al Dr. Solomon absorto en sus experimentos y con una expresión de profunda preocupación y disgusto en su rostro. Otro estudiante graduado, Bruce Overmier, muy conocido también ahora en el mundo psicológico, le explicó lo que estaba sucediendo: *¡Es que el Doctor Solomon está muy preocupado. ¡Es por los perros...! No quieren hacer nada... Algo malo está sucediendo... ¡Y por lo tanto nadie puede hacer ningún experimento!*

¿Qué había pasado? Durante varias semanas los perros habían sido sometidos a un condicionamiento pavloviano: aplicación simultánea de un sonido y de un leve choque eléctrico, con la intención de convertir el sonido en un *estímulo condicionado;* de tal modo que por una *transferencia de aprendizaje,* la sola escucha del tono sin la aplicación del choque, produjera la reacción emocional de miedo y el comportamiento de huida del estímulo doloroso. Con este objeto se les colocaba en un compartimento en donde recibían el choque simultáneamente con el ruido; la jaula estaba dividida en dos por una pequeña valla que les permitía saltar desde el compartimento electrizado al otro en que no había corriente.

Overmier concluyó sus explicaciones acerca de este grave contratiempo: *¡No sabemos qué ha sucedido! ¡Pero estos perros no quieren hacer nada para evitar los choques!*

Una intuición genial

Ante estos perros que *habían declarado la huelga,* Martin Seligman tuvo una serie de intuiciones geniales:

–Por alguna razón, durante el proceso de condicionamiento pavloviano, los perros sintieron que los choques continuaban, no obstante sus brincos, sus ladridos y sus esfuerzos por evitarlos. De ninguna manera lograban evitar los choques, así que los perros se habían dado por vencidos. Habían caído en un estado de *helplessness*, que podríamos traducir por *desvalimiento, desprotección, impotencia.*

– Además, este desvalimiento había sido *aprendido.*

– Y todavía más importante, si los perros podían aprender algo tan complejo como la futilidad de sus acciones para evitar el estímulo doloroso, también los seres humanos podían aprender esa reacción de *desvalimiento.*

–Y si tal estado de *desvalimiento* era aprendido, *lógicamente se podía desaprender...*

– ¡Y, por último, todo lo anterior podía investigarse y demostrarse experimentalmente en un laboratorio!

Varias décadas de infatigable investigación han venido confirmando las intuiciones del Dr. Seligman.

Dos maneras de ver la vida

¿Por qué algunas personas ven el vaso «medio vacío» y otras ven que el mismo vaso está *medio lleno*? Porque hay dos maneras de ver la vida: la de los pesimistas y la de los optimistas. Ambos sufren reveses y calamidades, pero tienen un *estilo explanatorio* diferente.

El *pesimista* tiende a ver todo negro, o sea a creer que las adversidades: a) durarán largo tiempo; b) arruinarán todo cuanto haga, o sea que constituyen un influjo maléfico generalizado; y c) la culpa es totalmente del sujeto, no de las circunstancias externas.

El *optimista,* por el contrario percibe las luces en medio de las sombras, o sea que tiene las tres características opuestas: a) las calamidades son pasajeras, pasarán; b) están confinadas a algún aspecto concreto sin que impliquen la ruina de toda la vida; c) muchas veces no son culpa propia sino que se deben, a lo menos parcialmente, a circunstancias externas.

Como toda *profecía de autocumplimiento,* son muchos los males que causa el pesimismo: tristeza, desconfianza de sí mismo, poco rendimiento o fracasos en el estudio, el trabajo o el deporte, dificultades en las relaciones interpersonales. Esta es una mala noticia.

Pero también hay una buena noticia. Es posible escapar de la cárcel del pesimismo y romper sus cadenas. Resulta que como el pesimismo es *aprendido,* también se puede *desaprender y reaprender* en cambio un *estilo explanatorio* optimista.

«Helplessness» o desvalimiento

El *desvalimiento (helplessness)* es el estado en el cual cayeron los perros de Seligman: el animal o la persona creen que nada de cuanto intenten será de provecho; se siente impotente; nada de cuanto pueda hacer servirá. Lo contrario del desvalimiento es el sentimiento de *control* sobre la propia vida y las circunstancias que la afectan: uno conserva cierto poder sobre los acontecimientos, o al menos sobre la actitud con que decide hacer frente a las adversidades...Uno es el dueño de su vida, es quien empuña el timón del barco y puede dominar las olas y esquivar los arrecifes...

El bebé comienza su vida en un estado de total desvalimiento; también el anciano puede regresar a cierto grado de desvalimiento. Pero en el hombre o la mujer adultos y normales el campo de *autocontrol* es muy amplio; hay situaciones que escapan a nuestro dominio, pero queda un vasto territorio en el cual podemos asumir el control, o bien, ceder ante la fatalidad. Podemos ampliar o estrechar este territorio del control personal; la orientación general de nuestra vida, el trato con los demás, la profesión y el trabajo, el manejo de los propios impulsos y emociones... permanecen virtualmente bajo nuestro control.

El optimismo se puede aprender

¿Cómo lograr el optimismo? Responde el Dr. Seligman y, en general, los partidarios de la Psicología Cognitiva: *Controlando los pensamientos.* Hasta hace poco sólo se concebían dos enfoques para luchar contra la depresión: el psicoanalítico y el biomédico.

El Dr. Seligman critica fuertemente al primero: «Aunque muchos miles de pacientes han tenido centenares de miles de sesiones, la terapia psicoanalítica no ha demostrado servir para curar la depresión.»[5]

[5]M.E.P., SELIGMAN, *Learned Optimism,* Pocket Books, Nueva York, 1990, p. 11.

El punto de vista biomédico produce algunos resultados, con el empleo de las drogas antidepresivas y las terapias electroconvulsivas.

Pero la psicología contemporánea se muestra cada vez más favorable a las terapias de orientación cognitiva. El hábito de fomentar pensamientos pesimistas no tiene por qué durar siempre. Se puede cambiar. Se pueden vencer *el pesimismo y la depresión.*

> Las teorías dominantes en psicología han cambiado su foco, desde finales de la década de los años sesenta: del énfasis (conductista) en el poder del ambiente, se ha ido acentuando la importancia de las expectativas individuales, las preferencias personales, la opción, la decisión, el control o la actitud opuesta de desvalimiento.[6]

Hoy está absolutamente demostrado que los pensamientos y las actitudes de optimismo o pesimismo juegan un papel definitivo en los logros y los fracasos, en la buena o mala salud física, en el estado de satisfacción general con la vida. Muchos, tal vez la mayoría de los problemas emocionales se pueden solucionar con las propias habilidades sin necesidad de buscar una ayuda externa al individuo.

Se puede aprender a ser optimista. No se trata de rasgos heredados ni innatos. Usted puede aprender un conjunto de habilidades que lo liberen de la tiranía del pesimismo y le permitan usar el optimismo cuando así lo desee. Se trata de características *aprendidas.*

---

[6]M.E.P., SELIGMAN, *Learned Optimism...* p. 11.

Concluyamos con las palabras de otro gran tratadista sobre el optimismo, el Dr. Alan Loy McGinnis en su obra acerca de *El Poder del Optimismo.*[7]

> En resumen, los optimistas son personas de acción porque creen que ejercen un gran control sobre su futuro. Desean el éxito apasionadamente y saben que esta pasión los lleva muy adelante de otras personas que algunas veces poseen un talento mayor, pero quedarán atrás en el camino.
>
> A través de estas páginas he venido diciendo que tenemos un gran control sobre la actitud que tomemos hacia el mundo que nos rodea y por consiguiente un gran poder sobre el mundo. De todo los seres vivos, sólo los seres humanos tienen la capacidad de alterar su destino, cambiando sus actitudes.

[7] MCGINIS, ALLAN LOY, *The Power of Optimism,* Harper Paperbacks, Nueva York, 1990.

3

Método práctico para aprender a ser optimista: diálogo interior

¿A quién le convienen estas notas?

Estas notas le convienen a usted si tiene que responder afirmativamente a alguna de las tres preguntas siguientes:

¿Me desanimo con facilidad?
¿Me deprimo más de lo conveniente?
¿Fracaso con más frecuencia de la deseable?

Estas notas le enseñan los principios básicos para cambiar su pesimismo en optimismo en la vida cotidiana. Pero también puede usted emplear la maravillosa herramienta del *diálogo interior* para lograr muchos otros objetivos: para acrecentar su autoestima; para vencer la timidez y crecer en seguridad personal; para dominar el mal genio y aprender a controlarse; para superar el desaliento y la tristeza; para vivir contento consigo mismo, con su trabajo y con los demás; para tener éxito en el trabajo...y para conquistar muchas otras metas importantes.

La vida presenta dificultades y fracasos tanto al optimista como al pesimista. Pero el optimista los afronta, comienza de nuevo y crece con las dificultades; mientras que el pesimista se da por vencido y cae en la depresión. Esto es malo para él.

Sin embargo, el pesimista *puede aprender* las habilidades necesarias para volverse optimista y mejorar su calidad de vida. Yaun el optimista puede, en sus momentos de oscuridad y tristeza, aprovecharse de las técnicas que le brindan las *terapias cognitivas* y el *diálogo interior* o sea un conjunto de habilidades sobre el arte de hablarse a sí mismo, cuando sufra alguna adversidad.

Y como se trata de un «optimismo flexible», acorde con el principio de realidad, se previene el peligro de autoengaño a que puede conducir un optimismo pueril y engañoso que desconoce o disimula los problemas para soñar con un mundo irreal.

La guía fundamental para usar o no las técnicas del optimismo consiste en examinar cuál es la probabilidad de lograr éxito y el costo de un posible fracaso en una situación determinada. Si el riesgo y el costo son proporcionados, use la táctica del optimismo; sería el caso de pedir un alza de sueldo o presentarse para ocupar un cargo o planear una actividad; el riesgo es moderado y el optimismo puede ayudarle a lograr el éxito. Si el riesgo o el costo son demasiado altos, el optimismo no sería la estrategia adecuada: manejar carro después de un *coktail* en que ha tomado mucho, prestar o confiar su dinero a una persona desconocida o de dudosa reputación, enredarse en un *affaire* con la esperanza de que el marido no se dará cuenta.

El paradigma A B C D

Considere el siguiente caso: Betty acaba de terminar su primer semestre en un postgrado de Psicología Clínica. Sus calificaciones no son tan buenas como ella quisiera. ¡Qué contratiempo! Betty comienza a pensar y cavilar: *¡Qué notas tan horribles! Debo ser la peor del curso. No puedo competir con mis compañeros. Yo soy bruta y ellos son inteligentes. ¿Para qué me metí en este lío? ¡Mejor sería retirarme a tiempo!* Naturalmente, Betty se siente muy mal: desanimada, rabiosa, deprimida, amargada con sus compañeros y profesores; y sobre todo pesimista y descontenta consigo misma.

El caso de Betty nos sirve para ilustrar el paradigma A, B, C, D.

A. Cuando nos encontramos ante una *Adversidad (**A**)*, reaccionamos emocionalmente con pesimismo. Betty reacciona con pesimismo al enfrentarse con las calificaciones de sus exámenes. Pero notemos como punto importantísimo que entre la *Adversidad (**A**)* y la *Consecuencia emocional* (tristeza, depresión, pesimismo) *(**C**)* actúa otro factor intermedio: nuestros pensamientos, o *Base interpretativa (**B**)*.

B. *Base Interpretativa.* Nuestras emociones son producidas directamente por esta *Base interpretativa,* o sea nuestros pensamientos y creencias *(**B**)*, la cual puede ser tan habitual, que ni siquiera tenemos conciencia de ella. Betty piensa que sus notas son horribles, que es bruta, que sus compañeros son mejores...

C. Estos pensamientos son los que *directamente* producen determinadas *Consecuencias emocionales (**C**)*, como amargura, descontento, desánimo, rabia, depresión, pesimismo y otras emociones.

Así, pues, las emociones no son causadas *directamente* por la situación o el suceso adverso, sino mediante los pensamientos o base interpretativa. Es sumamente importante aprender a romper este círculo vicioso para lo cual es necesario: a) reconocer la conexión entre *Adversidad, Base Interpretativa* y *Consecuencias* o sea aprender a ver cómo opera el paradigma **A.B.C.D**. en nuestra propia vida, y b) Romper ese círculo vicioso, cambiando los *pensamientos irracionales* mediante la *distracción* y la *discusión* de los mismos *(**D**)*.

Las Terapias Cognitivas y la *Terapia Racional Emotiva* («Rational Emotional Therapy» o R.E.T.) propuesta por Albert Ellis, nos enseñan a cambiar esos *pensamientos irracionales* por otros más racionales.

Si quiere usted comenzar a practicar este método, busque algunos ejemplos personales en que se aplique el paradigma **A.B.C.D**. Durante uno o dos días, lleve una marca de esas situaciones adversas y de sus reacciones ante las mismas, tratando sobre todo de sintonizar el *diálogo interior* negativo, que continuamente tiene lugar en su mente, o sea de las frases negativas que usted se dice a sí mismo y de las cuales generalmente no cae en la cuenta. Después de haber anotado sus episodios de A.B.C., léalos con atención.

D. El paso siguiente es *acudir a la distracción y a la discusión (**D**).*

l. La distracción consiste en enfocar la atención hacia una cosa distinta. Cuando le venga un pensamiento negativo, dígase con energía (y aun en voz alta) *¡ALTO!* (o si prefiere en inglés, *¡STOP!*) o una frase equivalente como *¡Se acabó! ¡Punto final! ¡BASTA!,* y detenga inmediatamente el pensamiento negativo.

El cambio de atención. Si combina la técnica anterior con otra muy sencilla, llamada *sustitución del pensamiento* o *cambio de la atención,* obtendrá resultados más duraderos. Después de decirse enérgicamente *¡basta!*, sustituya el pensamiento pesimista por otro más placentero y animador, que usted ya tiene preparado de antemano. Como la mente no puede permanecer vacía, el introducir un nuevo pensamiento impedirá que la idea destructiva permanezca en su cerebro.

Si ha tenido éxito o nota algún progreso por pequeño que sea, prémiese a sí mismo con una palabra interna de estímulo o con alguna actividad agradable.

Usted debe abstenerse de *rumiar* los pensamientos negativos. Tales pensamientos tienden a repetirse cíclicamente, de modo que usted no los olvida con facilidad y ellos influyen en su estado de ánimo. Algunas personas logran librarse de los mismos fijando un tiempo determinado para ocuparse de ellos después. Cuando le vengan, dígase entonces *¡Alto! Pensaré en eso a las 6:OO p.m...* ; y si le ayuda a despreocuparse, tome una breve nota escrita de los mismos y prosiga con su ocupación habitual.

2. La discusión es aún más efectiva que la distracción y que el cambio de atención. Complementa las técnicas anteriores. No admitamos acríticamente los pensamientos pesimistas. Así como solemos defendernos de las acusaciones infundadas cuando provienen de los demás, tenemos que aprender a defendernos de nuestros propios pensamientos negativos y pesimistas. Debemos tomar distancia de los mismos para verificar de modo crítico su exactitud. Eso es lo que significa *discutirlos.*

En esta *discusión,* le ayudará el verificar cuatro cosas:

– Pruebas

- Alternativas
- Implicaciones
- Utilidad.

*a. Pruebas: La mejor ma*nera de discutir una creencia negativa es demostrarse a sí mismo que la idea no corresponde a los hechos. Ante una idea negativa, haga el oficio de detective y pregúntese: *¿Cuáles son las pruebas en favor de este pensamiento?* La mayoría de las personas tiende a «*catastrofizar*», o sea a admitir pensamientos catastróficos infundados.

b. Alternativas. Casi nada de lo que a usted le sucede tiene una sola causa. Si le fue mal en un examen, pudo deberse a múltiples causas. El examen estaba en realidad muy difícil, el profesor fue injusto, usted estaba preocupada con otros problemas domésticos, etc. ¿Por qué atribuir los malos resultados a la causa más insidiosa, o sea: a) *la más permanente y difícil de remediar; b) la más universal; c) la más personal?*

Para discutir sus creencias, examine todas las causas posibles del problema, fijándose más en las causas que pueden cambiar porque son transitorias, en las que son más específicas (no universales) y menos personales (circunstancias que se pueden alterar más fácilmente).

c. Implicaciones. La creencia negativa que usted tiene acerca de sí mismo, puede ser correcta. Pero queda aún el recurso de evitar el pensamiento catastrófico. No agrande el problema, convirtiendo el problema real en una «catástrofe» irremediable.

d. Utilidad. A veces las consecuencias buenas o malas de mantener una idea importan más que la verdad de tal creencia. Es verdad que toda la gente debería ser considerada con usted; pero la realidad es que hay gente muy desconsiderada. ¿Qué utilidad saca usted al aferrarse a la creencia de que todo el mundo *debería* ser como usted quiere?

Betty podría decirse: *¿En qué argumentos me baso para creer que todo está perdido? En la apreciación de mis calificaciones estoy perdiendo el sentido de las proporciones: no fueron todas 5; tuve un 3, un 3.8 y un 3.5. Esto no significa que yo sea bruta. El día del examen yo estaba mal de salud, preocupada con otros problemas, dormí mal la noche anterior; me gustaría haber sacado 5 en todo, pero mis notas no son una tragedia; no fueron las mejores, pero tampoco las peores del curso; nada saco con deprimirme; con la experiencia adquirida, el próximo semestre me irá mejor. Soy capaz de seguir adelante.*

Identifique usted mismo sus creencias *irracionales* y esfuércese por corregirlas.

Para aprovecharse de las sugerencias anteriores, le recomendamos llevar una marca escrita de sus procesos **A.B.C.D.**, durante los cinco siguientes eventos negativos que tenga usted que afrontar. Comience a practicar hoy mismo un *diálogo interior positivo* y optimista. ¡Usted mismo quedará gratamente sorprendido de los buenos resultados obtenidos![8]

---

[8]Cfr. Seligman, Martin E.P., *Learned Optimism,* Pocket Books, Nueva York, 1992.

4

Secretos "científicos" para vivir satisfecho con la vida: índice de satisfacción con la vida

¿Soy plenamente feliz?

La felicidad es un tema favorito de los filósofos, los poetas, los pensadores de todos los tiempos. Ellos no hacen más que reflejar y expresar el insaciable anhelo que todos los seres humanos experimentamos en lo más profundo de nuestro corazón: queremos *¡ser felices!*

Este anhelo insaciable de felicidad es el motor primero y la explicación última, la más comprensiva y honda de donde brotan todos nuestros comportamientos, como de la raíz brotan las ramas, las hojas y los frutos del árbol. Esta ansia de felicidad puede tomar formas infinitamente variadas, desde la búsqueda angustiosa de una buena presa de cacería o la huida acongojada ante la fiera salvaje en el troglodita de las cavernas, hasta los viajes de los astronautas o la creación de los imperios económicos y las hazañas científicas o militares de nuestro nuevo siglo XXI.

Felicidad es lo que buscan, por distintos caminos, el político ambicioso, el militar que arriesga la vida en el combate, el médico que cuida o explota a sus enfermos, el maestro, la costurera, el labriego y el obrero; el don Juan o la prostituta, el narcotraficante o el asesino; el revolucionario y el guerrillero, el ladrón o el honrado padre de familia; el misionero, la monjita caritativa y el apóstol social, los mendigos, los basureros, los gamines y aun aquellos marginados extremos que nuestra sociedad, con terrible injusticia y falta absoluta de humanidad, ha dado en llamar *los desechables...*

Todos buscamos ese tesoro escondido de *la felicidad* con más ansia que los antiguos alquimistas buscaban la piedra filosofal para producir oro y con una codicia más ardiente que la de Hernán Cortés cuando junto con la vida arrancaba el oro al emperador azteca Moctezuma; o los conquistadores españoles que iban tras «El Dorado» o torturaban a nuestros pobres indios americanos para arrancarles sus tesoros.

Mientras el existencialista ateo desemboca en una filosofía del absurdo, buscando una felicidad que nunca puede lograr, nosotros los creyentes sabemos que a ese anhelo corresponde un *bien infinito* que es Dios mismo, el cual saciará plenamente esa sed de nuestra alma y de nuestro corazón: será la bienaventuranza eterna: «¡Dios ha preparado para los que le aman cosas que nadie ha visto ni oído, y ni siquiera pensado!» (I Cor, 2,9).

Pero nacimos para ser felices y vivir de una manera satisfactoria también durante la vida presente. Dios quiere que vivamos felices no sólo en el más allá, sino también en la vida presente...Ahora pregúntate: *¿Soy yo feliz...? ¿Plenamente feliz...?*

Tal vez no existe la persona capaz de responder con un *sí* rotundo a este interrogante... La felicidad perfecta y completa no se encuentra en este mundo, debido al menos a la amenaza siempre presente de que las personas, las circunstancias, la salud, la vida, la personalidad y los gustos de uno mismo pueden cambiar, derrumbarse, morir... y con su cambio o destrucción poner fin a una efímera felicidad. Cambiemos entonces la pregunta para plantearla con un matiz más moderado: *¿Soy yo razonablemente feliz? ¿Qué puedo hacer hoy para que mi vida transcurra con mayor satisfacción?*

El autor de estas líneas fue discípulo de la Dra. Bernice Neugarten en la Universidad de Chicago. La Dra. Neugarten es una psicóloga mundialmente reconocida como una de las máximas autoridades en Psicología de la Edad Madura y de la Tercera Edad. En algunas de sus investigaciones ha utilizado el *Indice de Satisfacción con la vida*[9] que vamos a comentar.

Te interesará saber que algunos psicólogos modernos han utilizado para sus investigaciones este cuestionario o *Índice de satisfacción con la vida.* Si tú respondieras este cuestionario y obtuvieras en él un alto puntaje, eso significaría que vives razonablemente satisfecho. Si tu puntaje fuera bajo, por lo menos conocerías cinco aspectos sobre los cuales te conviene concentrar tus esfuerzos en la búsqueda efectiva de una vida más satisfactoria...

La persona aventajada en satisfacción con la vida es la que obtiene altos puntajes en los siguientes factores que componen este instrumento de medición psicológica:

---

[9]BERNICE L., NEUGARTEN, HAVIGHURST, TOBIN ROBERT J., SHELDOM S., «The Measurement of Life Satisfaction», en *Gerontology* 16: 134-143 (168, 174), 1961 . Cfr. NEUGARTEN, B., *Middle Age and Aging,* The University of Chicago Press, Chicago, 1973, pp.173-177.

1. Imagen positiva de sí misma.
2. Mantiene actitudes optimistas y disfruta del buen humor.
3. Saca gusto de todas sus actividades cotidianas.
4. Siente que ha tenido éxito en la obtención de sus metas.
5. Considera que su vida ha tenido sentido y la acepta resueltamente.

1. Tiene una imagen positiva de sí misma

Una imagen positiva de sí mismo y la autoestima correspondiente constituyen la base psicológica para llevar una vida satisfactoria. Sin ellas, aun lo más bello y agradable de la vida se convierte en penalidad, amargura, desilusión, aburrimiento...

La autoestima, negativa o positiva, es un anteojo mágico para contemplarse a sí mismo y su relación con las personas, con el mundo y con los acontecimientos. Si la autoimagen está opacada o manchada por el pesimismo, la vida se convierte en una fuente de frustraciones; las personas se vuelven inaguantables, la vida cotidiana y el trabajo de cada día un fardo insoportable... Si el anteojo está iluminado por la luz de una autoimagen positiva, aparecerá la belleza de las personas, la hermosura de la naturaleza, mil y mil oportunidades para disfrutar de la vida y de los dones que Dios nos regala a manos llenas. Es la verdadera *varita mágica* que tiene el poder de convertir todo, aun las experiencias duras, en oro acrisolado de felicidad.

> No hay juicio de valor más importante, –ningún factor más decisivo para el desarrollo psicológico– que el aprecio que uno se tenga a sí mismo... Este aprecio se experimenta, no en forma consciente como un juicio verbalizado, sino en forma de sentimiento; sentimiento

que puede ser muy difícil de aislar o expresar con palabras, porque es algo que se experimenta continuamente; forma parte de todos los demás sentimientos; está involucrado en toda respuesta emocional.[10]

2. *Mantiene actitudes optimistas y disfruta del buen humor*

Durante estos últimos años, la Psicología Cognitiva viene recalcando el influjo definitivo que tienen nuestros pensamientos sobre la formación de nuestras actitudes; y éstas últimas sobre los sentimientos que uno experimenta y por consiguiente sobre su estado de satisfacción o insatisfacción con la vida. Son muchos los libros que han popularizado el «Poder del Pensamiento Positivo».[11] Por eso, para vivir contento hay que cultivar pensamientos positivos, mantener actitudes positivas y disfrutar del buen humor.

Procura, pues, pensar de un modo positivo. No se trata de engañarte a ti mismo pensando que todo marcha divinamente; eso sería tomar una actitud de *Pollyana,* o sea «el mecanismo por medio del cual se pretende que todo marcha bien, a pesar de que la realidad no es satisfactoria» (English & English). Igual de engañoso sería ponerse un tapaojos para no ver los peligros; sería esconder la cabeza entre la arena con una política de avestruz.

---

[10] BRANDEN, NATHANIEL, *Cómo mejorar su autoestima,* Paidós, Barcelona, 1991.

[11] Cfr. PEALE, NORMAN VINCENT, *El Poder del Pensamiento Positivo*; HILL, NAPOLEÓN & STONE, W.C., *La Actitud Mental Positiva*; y muchos otros libros.

Pero con certeza, una actitud predominantemente positiva ante la vida es un índice infalible de salud mental; son innumerables las situaciones en las que una *atención selectiva* puede darle más o menos peso a los factores positivos o a los negativos; y, con frecuencia, ambas clases de elementos se combinan en proporciones variables para formar la urdimbre y la trama compleja de nuestra vida cotidiana hasta en sus más triviales detalles. De nuestros pensamientos y actitudes depende el «ver el vaso medio vacío» como el pesimista, o percibirlo como el optimista «medio lleno».

No te tomes demasiado en serio, ni mucho menos a lo trágico. Aprende a reírte un poco de ti mismo, mediante el sano sentido del humor y a relativizar y objetivar tus problemas y contratiempos. Vivirás más satisfecho.

3. Saca gusto de todas sus actividades cotidianas

El oro no se encuentra a montones en el lecho de los ríos ni almacenado compactamente en el interior de una montaña; hay que ir siguiendo el filón para buscarlo, extrayendo y reuniendo penosamente pequeños granitos o aun polvillo precioso...

Así es también la felicidad... No nos topamos de manos a boca con ella en los grandes acontecimientos de la vida, sino que la vamos fabricando día a día en el ordinario quehacer y en las ocupaciones más sencillas.

Aprende, por consiguiente, a disfrutar de mil cosas pequeñas que la vida te presenta: la persona amada que te da los buenos días o te brinda cariñosamente una caricia; la alegría de la fidelidad y de la mutua entrega física, afectiva y espiritual en la unión de los esposos; el niño que te sonríe, el compañero de trabajo que te presta un servicio; el sol que ilumina la mañana y te proporciona un día hermoso, la lluvia que fecunda la tierra y refresca las plantas de tu jardín, el pajarito que te despierta con sus trinos, el mar que deleita tu vista y las olas que refrescan tu cuerpo fatigado; el silencio del bosque que te invita a la reflexión, la montaña que te acerca a Dios, la canción o la música que elevan tu espíritu; una comida que ha preparado una mujer cariñosa, el vaso de agua que refresca tu boca; tantos ejemplos de bondad, de paciencia, de sacrificio callado, de amor; la plegaria que te acerca a Dios y te hace experimentar la dulzura de la Divina Providencia...

Pero tienes que abrir los ojos... porque son tantas las personas que caminan por la vida con los ojos vendados, incapaces de disfrutar de las experiencias gratas y demasiado abiertos para descubrir el mal en sí mismas o en los demás...

Al individuo psicológicamente maduro, Ted Landsman lo distingue con la sugestiva expresión *la persona noble y hermosa.* Se trata de la persona que posee el secreto de intensificar y aumentar sus *experiencias positivas.* Para lograrlas, Landsman[12] propone siete tipos de experiencias, que tú también puedes acrecentar: la terminación de alguna tarea comenzada, dominar alguna habilidad nueva, un acontecimiento significativo en tu vida como un cumpleaños o un aniversario feliz, la obtención de un logro grande o pequeño, explotar la inagotable cantera de las relaciones humanas como el amor; la amistad, los lazos familiares o la convivencia y colaboración en tu lugar de trabajo; las experiencias religiosas o místicas como la oración, la recepción de los sacramentos, la participación activa en la vida litúrgica...

---

[12]Cfr. JIMÉNEZ, ÁLVARO, *Conquista de la Madurez Emocional, Bogotá,* Indo-American Press, 1994 (2a- ed.).

Según Landsman, aun las experiencias negativas se pueden convertir en fuentes de auténtica satisfacción cuando se les sabe encontrar un sentido. Así, por ejemplo, para una persona que vive su fe religiosa, el saber que está cumpliendo la voluntad de Dios en las ocupaciones sencillas, calladas y, muchas veces, opacas de su vida diaria, puede ser una fuente de profunda satisfacción... Aun los acontecimientos penosos como las contrariedades, la enfermedad, el dolor, se pueden trocar en satisfacción verdadera en esta vida y en moneda de oro para la eternidad cuando se aceptan como venidas de la mano de Dios. La persona que sabe darles este sentido trascendente, no sólo obtendrá un puntaje más elevado en el *índice de satisfacción con la vida,* sino un puesto más cercano a Dios en el cielo.

4. Siente que ha tenido éxito en la obtención de sus metas

Cada ser humano tiene sus propias metas en la vida, aunque a veces no tenga una conciencia clara ni reflexione expresamente sobre ellas. Dichas metas variarán de acuerdo con la *escala y jerarquía de valores* de cada uno. Son metas auténticas y válidas: obtener una buena educación, la profesión, el matrimonio, la formación de una familia; la educación de unos hijos; la salud, los bienes de fortuna, el poder, la ocupación, el servicio cívico o social, el apostolado, la ciencia, el arte, los viajes, las diversiones, etc.

Cuanto más valiosas sean las metas propuestas y mayor haya sido el esfuerzo por alcanzarlas y más costosos los sacrificios demandados por ellas, mayor será la satisfacción por haber coronado la cumbre.

Como las metas son el imán que orienta nuestras vidas, es importante examinar si es realmente el Polo Norte el que orienta toda nuestra vida, no sea que andemos extraviados corriendo en pos de fuegos fatuos o buscando en vano calmar nuestra sed en «cisternas rotas» que no producen verdadera felicidad... Todos estamos expuestos al peligro de fijarnos metas ilusorias, incapaces de proporcionar auténtica satisfacción y aun de adorarlas como los israelitas se postraron ante el becerro de oro. Con toda razón el documento de Puebla nos previene contra los falsos ídolos: dinero, poder, placer, sexo... cuando se buscan con desorden. ¿Acaso has tenido la decepcionante experiencia de perseguir penosamente y adorar alguno de estos ídolos, para encontrarte luego que en ellos no estaba la felicidad que buscabas? ¿Sólo ha quedado un sabor amargo en tus sentidos y la tortura del remordimiento en tu conciencia?

Si quieres aumentar tu puntaje en el *índice de satisfacción con la vida,* fíjate verdaderas metas por las cuales valga la pena luchar. Metas que hagan de ti una persona honrada, íntegra, un ciudadano útil y justo, un cristiano auténtico, un excelente estudiante, un obrero trabajador, un joven casto, un hombre o mujer cuya vida pueda sintetizarse en esa breve pero elocuente frase con que San Pedro resumió la vida del Señor: *Pasó por la vida haciendo el bien* (Hech. 10,38).

Donde está tu tesoro, allá estará tu corazón (Mt. 6,21). Si has sabido escoger tus metas y has logrado obtenerlas, habrás hallado el tesoro escondido en el campo, la perla preciosa por la cual vale la pena sacrificarlo todo.

5. Considera que su vida tiene un sentido y acepta resueltamente lo que ha sido esa vida.

En un clásico capítulo sobre *Las ocho etapas del ciclo vital,* el celebérrimo Psicoanalista Erik Erikson señala como cumbre de la maduración humana la adquisición del *sentido de integridad.* Erikson no da una definición clara de la *integridad,* pero sí señala algunos de sus elementos: certeza de que existe cierto orden en el mundo; aceptación de la propia persona y del propio ciclo vital; al revisar su propia historia, experimenta un sentido de integridad, de dignidad, de sabiduría práctica y cree en el orden y continuidad de la vida; de lo anterior brota la serenidad ante la perspectiva de la propia muerte. En una palabra, el *sentido de integridad* equivale al sentimiento de que la propia vida ha tenido un sentido y significado.

Vinimos a este mundo sin haberlo pedido. Pero, en los designios de la Providencia Divina, cada uno de nosotros tenía marcada una ruta para llevarnos indefectiblemente a Dios en el cual consiste nuestra felicidad plena. Si en este viaje hemos seguido de un modo fiel nuestra carta de navegación, podemos estar plenamente satisfechos. En la constatación y certeza de que nuestro rumbo nos ha ido conduciendo a Dios, está la mayor fuente de satisfacción con la vida; la más firme, la más profunda, la única definitiva, según la conocida expresión de San Agustín: *¡Nos hiciste, Señor, para Ti y nuestro corazón está inquieto hasta que descanse en Ti!*

¡Qué satisfacción mayor puede haber en la vida que la esperanza cierta de que al terminar nuestra peregrinación, nuestro Padre del cielo nos recibirá con sus brazos abiertos, y de sus labios misericordiosos escucharemos su invitación bondadosa!: *Siervo bueno y fiel: porque fuiste fiel en lo poco, yo te constituiré sobre lo mucho; ¡entra en el gozo de tu Señor!* (Lc.19,17).

5 El valle feliz

Si logras encontrar este tesoro de *la satisfacción con la vida,* serás un ciudadano más de los que tienen el privilegio de habitar en *el valle feliz.* Mira cómo describen ese lugar maravilloso Napoleón Hill y W. Clement Stone, los populares autores de varios libros de superación personal, en su conocidísima obra titulada *La actitud mental positiva.*[13]

En su calidad de periodista cuyos escritos se publicaban en varios periódicos de la nación, Napoleón Hill escribió en cierta ocasión un artículo titulado *La satisfacción.* Es posible que a ti te resulte útil. He aquí lo que decía: El hombre más rico del mundo vive en el *Valle Feliz.* Es rico en valores que perduran, en cosas que no se pueden perder, cosas que le proporcionan buena salud, paz de espíritu y armonía en el interior de su alma.

He aquí un inventario de sus riquezas y de cómo las adquirió:

---

[13] HILL, NAPOLEÓN - STONE, CLEMENT, *La actitud mental positiva,* Grijalbo, Bogotá, 1992.

- Hallé la felicidad ayudando a los demás a encontrarla.

- Hallé la buena salud viviendo con templanza y comiendo sólo los alimentos que mi cuerpo necesita para mantenerse.

- No odio a nadie, no envidio a nadie, pero amo y respeto a toda la humanidad.

- Estoy entregado a una tarea amorosa con la que mezclo generosamente el juego; por consiguiente, raras veces me canso.

- Rezo diariamente, no pidiendo más riqueza sino más sabiduría para poder identificar, alcanzar y disfrutar de la gran abundancia de riquezas que ya poseo.

- No pronuncio ningún nombre como no sea para honrarlo, y no calumnio a nadie por ningún motivo.

- No pido favores a nadie, como no sea el privilegio de compartir mis bienes con todos aquellos que lo deseen.

- Estoy en buenas relaciones con mi conciencia; por consiguiente, ésta me guía rectamente en todo lo que hago.

- Tengo más riquezas materiales de las que necesito porque estoy libre de codicia y sólo ansío poseer aquellas cosas que pueda utilizar constructivamente mientras viva. Mi riqueza procede de aquellos a quienes he beneficiado compartiendo con ellos lo que poseía.

• La finca que poseo en el Valle Feliz no está sometida a impuestos fiscales. Existe principalmente en mi mente, en las riquezas intangibles que no pueden ser objeto de impuesto ni de dominio excepto por parte de aquellos que adoptan mi estilo de vida. Yo he creado esta finca a lo largo de toda una vida de esfuerzos, observando las leyes naturales y adquiriendo hábitos conforme a las mismas.

El credo del éxito del hombre del Valle Feliz no tiene derechos de autor. Si usted quiere adoptarlo, el credo le reportará sabiduría, paz y satisfacción.

Epílogo

Apreciado lector:

Espero que la lectura reflexiva de este libro, te haya prestado una ayuda para **"Triunfar en el Arte de Crecer"**.

Recuerda el capítulo titulado: "Si el hombre está bien, todo el mundo estará bien". Si cada hombre cambia un poco, todo el mundo cambiará, como bellamente lo expresa este proverbio chino:

Si hay luz en el alma,
habrá belleza en la persona.
Si hay belleza en la persona,
habrá armonía en el hogar.
Si hay armonía en el hogar,
habrá orden en la nación.
Si hay orden en la nación,
habrá paz en el mundo.

Mi gran anhelo como autor de este libro es haber brindado un rayo de luz a tu alma y una gota de bálsamo optimista a tu corazón; que tu crecimiento en madurez integral contribuya a la armonía de tu hogar; que muchos hogares felices acrecienten el orden de nuestras naciones; y que todos los pueblos unidos pongamos un granito de arena para construir la paz y la justicia en el mundo entero.

Permíteme terminar con una historia oriental. Una profunda amistad unía a Rumi con un nómada místico que se llamaba Shams o Tabriz. Se cuenta que cierto día Shams tomó los libros de Rumi y los arrojó a un estanque de peces, diciéndole: "Ahora debes vivir lo que ya conoces".

De poco te servirá haber leído este libro, si no pones en práctica lo que has aprendido. Tanto te aprovechará su lectura, cuanto practiques lo que ya conoces.

Ahora, aunque no tires el libro sino que lo hagas servir a otras personas queridas,

¡comienza a vivir lo que has aprendido![1].

---

[1]Este epílogo está inspirado en la excelente obra *Awakening at Midlife*, escrita por Kathleen A. Bretony.

T54/E1/02

Esta edición se terminó de imprimir en julio de 2002. Publicada por ALFAOMEGA GRUPO EDITOR, S.A. de C.V. Apartado Postal 73-267, 03311, México, D.F. La impresión se realizó en ACABADOS EDITORIALES TAURO, Margarita No. 84, Col. Los Ángeles, Iztapalapa, 09830, México, D.F.